LECKERE Gebäck SPEZIALITÄTEN

KÖNEMANN

Grundrezepte und Tips

Feines Gebäck ist eine Art Visitenkarte jedes Kochs – man muß nur die Geheimnisse der Zubereitung kennen.

Den Teig für Feingebäck selbst zuzubereiten ist nicht schwer, und es lohnt sich wirklich, weil das Aroma das der fertigen Teigmischungen weit übertrifft. Mürbeteig ist schnell und einfach zuzubereiten. Zugegeben, wenn man Blätter- oder Plunderteig selbst macht, erfordert das etwas Zeit und Sorgfalt – praktischer wäre es, tiefgekühlten Teig zu verwenden. Dieser Teig läßt sich aber auch sehr gut einfrieren. Wenn man also für ein Rezept nur die halbe Menge Blätter- oder Plunderteig benötigt, kann man den Rest, gut in Folie verpackt, bis zu einem Monat tiefkühlen.

Welchen Teig Sie auch zubereiten, wenn Sie sich an folgende Punkte halten, werden Sie gutes Feingebäck erhalten.

Kühl verarbeiten. Am besten bereitet man den Teig in einem kühlen Raum zu. Die Butter sollte kalt sein, ebenso Ihre Hände, wenn Sie die Butter in das Mehl reiben. Nehmen Sie dabei nur Ihre Fingerspitzen, da die Handflächen wärmer sind. Das Wasser sollte kalt, oder noch besser, eiskalt sein.

Schnell und vorsichtig arbeiten. Wenn man den Teig zu sehr bearbeitet, wird er hart und schrumpft beim Backen. Die Butter leicht hineinreiben, das Wasser nicht unterrühren, sondern mit einem Messer unterziehen. Den Teig von Feingebäck mit Ausnahme von Plunderteig nicht kneten, nur leicht zu einer Kugel formen.

Auf Feuchtigkeit achten. Das Mehl unterscheidet sich je nach Marke in seinem Feuchtigkeitsgehalt. Davon hängt es ab, wieviel Wasser Sie zum Teig geben müssen. Deshalb sollten Sie nie die gesamte Wassermenge auf einmal hinzugeben. Mengen Sie die Flüssigkeit immer mit einem Messer unter, und prüfen Sie den Teig, indem Sie ihn mit den Fingerspitzen etwas zusammendrücken. Wenn er fest zusammenhält und nicht zerbröckelt, brauchen Sie keine Flüssigkeit mehr. Wenn er zu trocken ist, wird er brüchig und ist schwer in eine Form zu bringen. Ist er dagegen zu feucht, wird er beim Backen schrumpfen.

Ausrollen. Geben Sie den Teig zum Ausrollen auf ein leicht bemehltes Brett. Immer von der Mitte her ausrollen und den Teig dabei drehen, statt vor- und rückwärts. Der Teig kann auch auf einem Blatt Backpapier mit Antihaftbeschichtung ausgerollt werden – das ist besser als auf dem bemehlten Brett. Dann kann der Teig in die Formen gelegt und das Papier abgezogen werden. Zum Backen kann man das Papier später auf der Rückseite wiederverwenden.

Ruhen. Wenn der Teig fertig ist, legen Sie die Formen, wie im Rezept angegeben, aus. Stellen Sie sie dann für etwa 15 Minuten in den Kühlschrank. So können sich die Proteine im Teig »erholen«, und der Teig schrumpft nicht.

Vorbacken. Das verhindert, daß die Böden durchweichen, wenn die Füllung feucht ist. Der

Teig wird mit Backpapier bedeckt, dann legt man getrocknete Bohnen oder Reiskörner darauf. Durch das Gewicht wird der Teig niedergedrückt und bleibt am Boden. Nach dem Anbacken werden das Papier und die Bohnen bzw. der Reis entfernt und der Teig weitergebacken. (Manche Törtchenböden werden nur angestochen, dann leer gebacken.) Vor dem Füllen ganz auskühlen lassen. Wenn die Füllung gebacken werden muß, soll sie ebenfalls vor dem Füllen auskühlen. So weicht das Gebäck nicht durch.

Brandteig

60 g Butter
125 ml Wasser
60 g Mehl, gesiebt
2 Eier, leicht geschlagen

1. Die Butter würfeln, dann in einen Topf mit Wasser geben. Bei geringer Temperatur verrühren, bis die Butter geschmolzen ist, dann zum Kochen bringen.
2. Den Topf sofort vom Herd nehmen und das gesamte Mehl zugeben. Mit einem Holzlöffel glattrühren. Wieder auf den Herd stellen und ca. 2 Minuten weiterrühren, bis ein Teig entsteht, der sich von den Topfrändern löst.

Rühren, bis sich der Teig von den Topfrändern löst.

Ei zugeben; mixen, bis der Teig dick ist und glänzt.

3. Vom Herd nehmen und in eine Rührschüssel geben. 5 Minuten auskühlen lassen. Das Ei unter ständigem Rühren nach und nach zugeben, bis die Masse dick ist und glänzt. Es müssen nicht alle Eier zugegeben werden.
4. Teig auf dem Backblech formen und laut Rezept backen. Wenn er noch nicht ganz trocken ist, nochmals für 5–10 Minuten bei 150 °C in den Backofen geben.

Mürbeteig

250 g Mehl
125 g kalte Butter, in Würfel geschnitten
1 Eigelb
3–4 EL kaltes Wasser

1. Mehl in eine große Schüssel sieben und Butter zugeben. Die Butter mit den Fingerspitzen in das Mehl reiben, bis die Masse krümelig ist.
2. Eigelb mit 3 EL Wasser verquirlen und zugießen. Mit einem Messer zu einem Teig verarbeiten, das restliche Wasser, falls nötig, zugeben. Auf eine leicht bemehlte Unterlage geben und zu einem glatten Teig verarbeiten. Mit Frischhaltefolie abgedeckt kalt stellen, wenn der Teig nicht sofort verwendet wird. Bei heißem Wetter mindestens 30 Minuten kalt stellen, bevor man den Teig nach dem jeweiligen Rezept weiterverarbeitet.

Butter mit den Fingerspitzen in das Mehl reiben.

Die Flüssigkeit mit einem Messer untermischen.

Teig in der Küchenmaschine bereiten

Mürbeteig kann auch leicht in der Küchenmaschine zubereitet werden, aber man muß auch hier darauf achten, daß er nicht zuviel bearbeitet wird. Die Butter wird kurz in das Mehl »gerieben«, indem man den Impulsknopf drückt, bis die Masse krümelig ist. Dann fast die gesamte Flüssigkeit zugeben und untermengen, bis die Masse zum Teig wird, indem man erneut den Impulsknopf betätigt (falls nötig, mehr Flüssigkeit zugeben).

Den Teig nicht in der Küchenmaschine zu einer Kugel werden lassen, sonst wird er zu hart! Statt dessen vorher auf ein leicht bemehltes Brett geben und zu einem Klumpen zusammendrücken, bevor man ihn entsprechend dem Rezept ausrollt.

Süßer Mürbeteig

250 g Mehl
125 g kalte Butter, in Würfel geschnitten
60 g feiner Zucker
2 Eigelb
1 TL Vanillearoma
2–3 EL kaltes Wasser

1. Mehl in eine große Schüssel sieben und Butter zugeben. Die Butter mit den Fingerspitzen in das Mehl reiben, so daß eine krümelige Masse entsteht. Zucker untermengen.
2. Eigelb und Vanillearoma mit 2 EL Wasser verquirlen. Mit einem Messer unter den Teig ziehen. Falls notwendig, restliches Wasser zugeben. Auf eine leicht bemehlte Unterlage geben und zu einem glatten Teig formen.

Einfacher Blätterteig

90 g Butter
90 g Backmargarine
250 g Mehl
Prise Salz
200 ml kaltes Wasser
1 TL Zitronensaft

1. Butter und Margarine auf einen großen Teller geben. Beide mit zwei Messern zu groben Würfeln schneiden und vermengen, dann abdecken und kalt stellen. Wenn sie kalt und hart sind, in kleine Würfel schneiden.
2. Mehl und Salz in eine große Schüssel sieben. Butter- und Margarinewürfel zugeben. Mit einem Messer unterziehen, bis sie mit Mehl überzogen sind. Wasser mit Zitronensaft verquirlen und fast die gesamte Menge in die Schüssel

Flüssigkeit unterziehen. Fett nicht zerschneiden.

Den Teig zu je drei Teilen zusammenlegen.

Weiter ausrollen und noch viermal drehen.

gießen. Mit einem Messer (ohne scharfe Klinge) unterziehen, ohne das Fett zu zerschneiden. Falls nötig, mehr Flüssigkeit zugeben.
3. Die Masse mit bemehlten Fingern vorsichtig zu einer Kugel formen. Dann auf ein bemehltes Brett legen und zu einem Rechteck formen. Nicht kneten. Den Teig zu einem

Rechteck (45 x 15 cm) ausrollen, die Kanten gerade halten.
4. Teig zu drei Schichten zusammenlegen, indem ein Drittel nach oben und das andere Drittel darübergelegt wird. Die Nähte mit dem Nudelholz glätten. Im Uhrzeigersinn um 90° drehen: Die obere Naht liegt nun rechts (wie bei einem Buch). Abdecken und 15 Minuten kalt stellen. Ausrollen, zusammenlegen und im Uhrzeigersinn drehen; das Ganze noch viermal wiederholen. Zwischendurch den Teig kalt stellen, wenn er zu weich wird. Nach dem letzten Ausrollen mindestens 30 Minuten kalt stellen.
5. Den Teig laut Rezept ausrollen und formen oder ausschneiden.

Plunderteig

125 ml warme Milch
7 g Trockenhefe
1 TL Zucker
250 g Mehl
1/2 TL Salz
60 g Zucker, extra
1 Ei, leicht geschlagen
1 TL Vanillearoma
250 g kalte Butter

1. Milch, Hefe und Zucker in einer kleinen Schüssel mischen. Abdecken und an einem warmen Ort 5 Minuten gehen lassen, bis die Masse schaumig ist.
2. Mehl mit Salz in eine große Schüssel sieben und extra Zucker untermengen. In der Mitte eine Mulde bilden und Hefemischung, Ei und Vanillearoma auf einmal hineingeben. Zu einem festen Teig verarbeiten. Danach auf eine bemehlte Unterlage geben und etwa 10 Minuten zu einem glatten Teig kneten.
3. Den Teig in eine leicht gefettete Schüssel geben und an einem warmen Ort etwa 1 Stunde gehen lassen, bis er sein Volumen verdoppelt hat. Unterdessen die kalte Butter zwischen zwei Backpapierblättern zu einem Rechteck (15 x 20 cm) ausrollen und so lange kalt stellen, bis sie gebraucht wird.
4. Jetzt den Teig für 1 Minute fest schlagen. Zu einem Rechteck von 25 x 30 cm ausrollen. Die Butter in die Mitte geben und den Teig darüber einschlagen, so daß er die Butter bedeckt. Dann die Nähte mit dem Nudelholz glätten.
5. Den Teig im Uhrzeigersinn um 90° drehen und dann zu einem Rechteck (20 x 45 cm) ausrollen. Je ein Drittel des Teigs über das andere legen und wieder um 90° drehen. Dann abdecken und 30 Minuten kalt stellen. Das Ausrollen, Zusammenlegen und Drehen noch insgesamt viermal wiederholen. Anschließend in Plastikfolie einschlagen und vor der Weiterverarbeitung mindestens 2 Stunden in den Kühlschrank geben.

Hefemischung, Ei und das Vanillearoma zugeben.

Ca. 1 Stunde warten, bis er doppelt so groß ist.

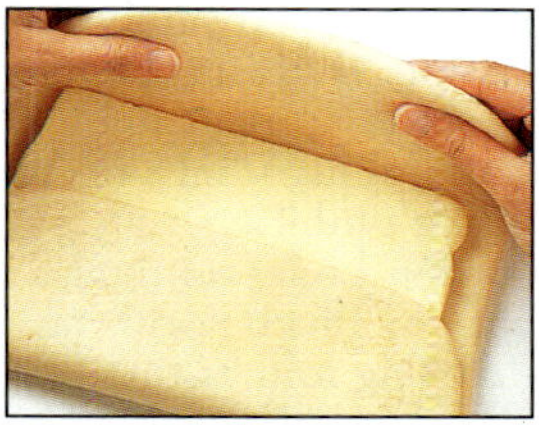
Teig darüberschlagen, so daß die Butter bedeckt ist.

Süßes Feingebäck

Köstliche Leckereien zum Frühstück oder zum Nachmittagskaffee oder -tee mit Freunden; gönnen Sie sich etwas Gutes!

Schokoladen-Eclairs

Vorbereitungszeit: 50 Min.
Backzeit: 25–30 Min.
Ergibt 12 Stück

Brandteig (laut Grundrezept, s. Seite 3)
100 g zartbittere Schokolade, kleingehackt

Sahnefüllung
300 ml kalte Sahne
1 EL Puderzucker
1 TL Grand Marnier oder Cointreau
1 TL abgeriebene Orangenschale

1. Backofen auf 190 °C vorheizen. Ein Backblech mit Backpapier auslegen und ca. 10 cm lange Linien einzeichnen (kleine Abstände lassen). Den Brandteig in einen Spritzbeutel mit glatter Tülle (Ø 1 cm) füllen und 12 Streifen an den Linien entlang auf das Blech spritzen; den Teig immer mit einem nassen Messer abschneiden. 10 Minuten backen, dann die Temperatur auf 180 °C reduzieren und weitere 15–20 Minuten backen. Die Eclairs anstechen, damit der Dampf entweichen kann, und auf einem Kuchengitter auskühlen lassen.

2. Schokolade in einer kleinen Schüssel über einem Topf mit kochendem Wasser schmelzen. Eclairs halbieren und die Schokolade auf den oberen Hälften verstreichen. Auf einem Kuchengitter trocknen lassen.

3. Für die Sahnefüllung Sahne, Puderzucker, Likör und Orangenschale über kaltem Wasser steif schlagen. Mit dem Löffel oder Spritzbeutel auf die unteren Hälften der Eclairs aufbringen, obere Hälften mit Schokolade daraufsetzen; servieren.

Schokoladen-Eclairs

Nektarinentörtchen

Vorbereitungszeit:
30 Min. + Ruhezeit
Backzeit: 30 Min.
Ergibt 6 Stück

Süßer Mürbeteig (laut Grundrezept, s. Seite 4)
1 Eiweiß, leicht geschlagen
2 EL Aprikosenmarmelade
250 g feiner Zucker
1/2 l Wasser
3 kleine Nektarinen

Füllung
90 g Butter
125 g feiner Zucker
1 TL abgeriebene Zitronenschale
2 Eier, leicht geschlagen
3 EL Mehl, mit einer Prise Backpulver vermischt
60 g Mandeln, gerieben
2 EL Milch
60 g Mandeln, geraspelt

1. Sechs tiefe, kegelförmige Törtchenformen (Ø 10 cm) mit etwas Butter einfetten. Den Teig zwischen zwei Blättern Backpapier ausrollen und die Formen mit dem Teig auslegen. Mit einer Gabel mehrmals einstechen, auf ein Backblech geben und mindestens 20 Minuten kalt stellen. Den Backofen auf 180 °C vorheizen. Den Teig 10 Minuten backen, herausnehmen und die Törtchenböden mit etwas Eiweiß bestreichen, damit sie gut schließen. Auskühlen lassen und gleichmäßig mit Aprikosenmarmelade bestreichen.
2. Zucker und Wasser in einen Topf geben und unter ständigem Rühren 2 Minuten erwärmen, bis sich der Zucker aufgelöst hat. Nektarinen zugeben und 5 Minuten köcheln lassen, bis sich die Haut von den Früchten gelöst hat. Den Topf vom Herd nehmen und die Nektarinen noch 10 Minuten im Sirup lassen. Dann herausnehmen, abschälen und entkernen.
3. Für die Füllung Butter, Zucker und Zitronenschale 3 Minuten mixen, bis die Masse leicht und cremig ist. Die Eier nacheinander untermischen. Mehl und gemahlene Mandeln mit einem Messer unterziehen, zuletzt die Milch.
4. In jedes Törtchen eine Nektarinenhälfte mit der Naht nach unten legen. Die Füllung daraufgeben und die Oberfläche glattstreichen. Mit geraspelten Mandeln gleichmäßig bestreuen. 20 Minuten backen, bis sich die Füllung gesetzt hat und goldbraun ist. Die Eclairs warm oder kalt servieren.

Mandel-Kirsch-Taschen

Vorbereitungszeit:
30 Min. + Gehzeit
Backzeit: 12 Min.
Ergibt 12 Stück

1/2 Masse Plunderteig (laut Grundrezept, s. Seite 5)

Mandelfüllung
30 g weiche Butter
4 EL feiner Zucker
75 g Mandeln, feingehackt
Mandelaroma
verquirltes Ei, zum Bestreichen
6 Maraschino-Kirschen

Mandelglasur
60 g Puderzucker, gesiebt
2–3 TL Milch
einige Tropfen Mandelaroma

1. Zwei Backbleche mit zerlassener Butter einfetten. Den Teig zu einem Rechteck (24 x 32 cm) ausrollen und in 12 Quadrate (8 cm) schneiden. Butter, Zucker, Mandeln und einige Tropfen Mandelaroma zu einer glatten Masse verrühren.
2. Einen Teelöffel der Mandelmasse in die Mitte jedes Quadrates geben, die vier Ecken zur Mitte einschlagen. Die Spitzen mit ver-

Nektarinentörtchen (oben) und Mandel-Kirsch-Taschen

quirltem Ei bestreichen und eine Kirschenhälfte in der Mitte daraufsetzen; dann auf die Backbleche legen.

3. Den Backofen auf 200 °C vorheizen. Die Taschen mit Plastikfolie lose abdecken und an einem warmen Ort 20 Minuten gehen lassen. Mit Ei bestreichen.

4. 12 Minuten backen, bis die Taschen goldbraun sind. Auf einem Kuchengitter auskühlen lassen. Anschließend die Zutaten für die Glasur vermischen und über die Taschen träufeln.

Amaretto-Mousse-Törtchen

Vorbereitungszeit:
30 Min. + Kühlzeit
Backzeit: 12 Min.
Ergibt 8 Stück

Süßer Mürbeteig (laut Grundrezept, s. Seite 4)
Schokospäne und Kakaopulver, zum Dekorieren

Füllung
250 ml Milch
200 g weiße Marshmallows
3 TL Kaffeepulver
2 EL Amaretto
250 ml Sahne, steifgeschlagen

1. Den Backofen auf 180 °C vorheizen. Den Teig in 8 gleich große Teile teilen und einzeln ausrollen, so daß sie in acht Törtchenformen (Ø 10 cm) passen. Die Kanten abschneiden. Die Böden leicht anstechen und 12 Minuten backen, bis sie goldgelb sind. Vor dem Füllen ganz erkalten lassen.
2. Für die Füllung Milch und Marshmallows unter gelegentlichem Rühren in einem Topf erhitzen, bis die Marshmallows geschmolzen sind. Vom Herd nehmen und das Kaffeepulver einrühren, bis es sich auflöst. Dann den Likör einrühren. In eine Schüssel gießen und auskühlen lassen, bis sich die Füllung etwas gesetzt hat. Jetzt die Schlagsahne unterziehen.
3. In die Formen füllen und kalt stellen, bis die Mousse fest geworden ist, anschließend die Törtchen mit Schokospänen und Kakaopulver dekorieren.

Apfel-Himbeer-Törtchen

Vorbereitungszeit:
30 Min. + Kühlzeit
Backzeit: 20 Min.
Ergibt 8 Stück

50 g Butter
3 EL feiner Zucker
1 Ei, leicht geschlagen
50 g Mandeln, gemahlen
4 Blätter fertiger Blätterteig
1 Becher eingelegtes Obst (z.B. Äpfel), zerkleinert
100 g frische Himbeeren
Zucker, zum Bestreuen

1. Ein Backblech mit etwas zerlassener Butter oder Öl leicht einfetten. Butter und Zucker cremig rühren, dann die Hälfte des Eis (den Rest zum Glasieren zurückbehalten) und die gemahlenen Mandeln darunterschlagen.
2. Aus zwei Blätterteigblättern acht Scheiben (Ø 8 cm) ausstechen und auf das Backblech legen. In die Mitte jeder Scheibe 2 TL zerkleinerte Äpfel geben. Dann die Himbeeren darauf verteilen, dann 1 EL Mandelfüllung daraufgeben. Die Ränder mit Ei bestreichen.
3. Die restlichen zwei Blätterteigblätter beidseitig leicht mit Mehl bestäuben. Mit einem Gitterschneider schneiden, danach acht Scheiben (Ø 8,5 cm) ausstechen. Die Gitterscheiben über die Füllung legen und das Gitter leicht auseinanderziehen, damit es darauf paßt. Die Kanten fest zusammenpressen. Mit einem Messerrükken in regelmäßigen Abständen festdrücken. 20 Minuten kalt stellen. Jetzt den Backofen auf 210 °C vorheizen. Die Törtchen mit restlichem Ei bestreichen und leicht mit Puderzucker bestäuben. 20 Minuten backen, bis die Törtchen aufgegangen und goldbraun sind.

Amaretto-Mousse-Törtchen (oben), Apfel-Himbeer-Törtchen

Obsttörtchen

Eine unwiderstehliche Kombination von frischen Früchten, einer Cremefüllung und zartem Mürbeteig.

Für jedes dieser Rezepte die halbe Menge des süßen Mürbeteigs (s. Grundrezept, Seite 4) verwenden (die andere Hälfte in Alufolie einwickeln und einfrieren). Den Teig ausrollen und 12 Scheiben (Ø 7 cm) ausstechen. In tiefe Pastetenformen legen. 10 Minuten kalt stellen. Den Backofen auf 200 °C vorheizen. Die Formen mit Backpapier bedecken und getrocknete Bohnen oder Reis daraufstreuen. 10 Minuten backen, Papier und Bohnen/Reis entfernen und weitere 5–7 Minuten backen, bis der Teig goldgelb ist. Ganz auskühlen lassen und dann mit den Früchten Ihrer Wahl (siehe rechts) füllen. Ergibt 12 Stück.

Kiwi-Törtchen

250 g Quark (Zimmertemperatur), 4 EL Puderzucker und je 1 TL abgeriebene Zitronenschale und -saft mit dem Mixer verrühren. Die Quarkmasse mit einem Spritzbeutel oder einem Löffel in die Törtchen füllen. Dann geschälte Kiwischeiben darauflegen. Anschließend mit warmem, fertigem Fruchtgelee (Apfel) großzügig bestreichen.

Erdbeertörtchen

250 g kleine Erdbeeren entstielen. Dann 50 g zartbittere Schokolade schmelzen und mit einem feinen Pinsel jedes Törtchen damit dünn bestreichen. 250 ml leicht geschlagene Sahne, 2 EL Puderzucker, 1 TL abgeriebene Orangenschale und 2 TL Grand Marnier in einer Schüssel über eiskaltem Wasser steif schlagen. Dann die Likörmasse mittels Spritzbeutel oder einem Löffel in die Törtchen füllen. Mit in dünne Scheiben geschnittenen Erdbeeren belegen. Schließlich mit warmem, fertigem Johannisbeergelee vorsichtig bestreichen.

Heidelbeertörtchen

2 EL Maismehl, 1 TL abgeriebene Zitronenschale, je 2 EL Zitronensaft und feinen Zucker, 180 ml Milch und ein verquirltes Ei in einem Topf verrühren. Bei niedriger Temperatur unter ständigem Rühren erhitzen, bis die Masse kocht und eindickt; noch 1 Minute weiterkochen. Abdecken und bis auf Zimmertemperatur abkühlen lassen, dann 3 EL Sahne einschlagen. In die Törtchen füllen und mit 250 g frischen Heidelbeeren belegen. Mit warmem, fertigem Fruchtgelee (Apfel und Johannisbeere) bestreichen.

Von links: Kiwi-, Erdbeer-, Heidelbeer-, Morello-Kirsch- und Nektarinentörtchen

Morello-Kirsch-Törtchen

Ca. 750 g Morello-Kirschen abtropfen, 125 ml Saft zurückbehalten. Je 2 EL Puddingpulver und feinen Zucker mit 125 ml Milch in einem kleinen Topf glattrühren. Dann 150 ml saure Sahne einschlagen und unter ständigem Rühren langsam zum Kochen bringen, bis die Masse eindickt. 1 Minute leicht weiterkochen, 1 TL Vanillearoma einrühren, abdecken und auskühlen lassen. 2 TL Maismehl, 1 EL feinen Zucker und den zurückbehaltenen Saft in einem kleinen Topf verrühren. Unter ständigem Rühren zum Kochen bringen, bis die Glasur eindickt. Puddingmasse in die Törtchen füllen, die Kirschen darauflegen und schließlich mit der warmen Glasur bestreichen.

Nektarinentörtchen

In einem Topf 250 g feinen Zucker in 1/2 l Wasser auflösen. 6 kleine Nektarinen halbieren und im Zuckersirup 3 Minuten pochieren, bis sie weich sind. 125 ml des Sirups zurückbehalten. Die Früchte auf Papiertüchern abtropfen lassen. 2 Eigelbe mit je 1 EL Maismehl und Zucker in einen Topf geben. 180 ml Milch und 3 EL Sahne einschlagen und unter ständigem Rühren langsam zum Kochen bringen. 1/2 TL Mandelaroma einrühren, dann abdecken und auskühlen lassen. Den zurückbehaltenen Zuckersirup, 2 TL Maismehl und 1–2 TL Brandy in einem kleinen Topf erhitzen. Die Creme in die Törtchen füllen, mit Nektarinenscheiben belegen und schließlich mit der Brandyglasur bestreichen.

Mini Paris Brest

(Mandelringe mit Karamelglasur)

Vorbereitungszeit: 70 Min.
Backzeit: 1 Std.
Ergibt 6 Stück

Brandteig (laut Grundrezept, s. Seite 3)

Puddingfüllung
300 ml Milch
3 Eigelb
2 EL feiner Zucker
1 EL Mehl
1 EL Puddingpulver
einige Tropfen Mandelaroma, nach Geschmack

Karamelglasur
250 g feiner Zucker
125 ml Wasser
60 g Mandelsplitter, leicht geröstet

1. Den Backofen auf 190 °C vorheizen. Dann 6 Kreise (5 cm Ø) auf ein Backpapier zeichnen. Den Brandteig in einen Spritzbeutel mit gezackter Tülle (Ø 1 cm) füllen. 6 Ringe auf die eingezeichneten Kreise spritzen. 10 Minuten backen, dann die Temperatur auf 180 °C reduzieren. Weitere 15–20 Minuten backen, bis der Teig leicht gebräunt und schön aufgegangen ist. An der Seite einstechen, damit der Dampf entweichen kann, dann auf einem Kuchengitter auskühlen lassen. Halbieren.
2. Für die Puddingfüllung 250 ml Milch in einem Topf erhitzen, bis sie köchelt. In einer Schüssel die restliche Milch, Eigelb, Zucker, Mehl und Puddingpulver vermischen, langsam die heiße Milch zugießen und kräftig schlagen, bis die Zutaten gut vermengt sind. Wieder in den Topf gießen und bei mittlerer Temperatur verrühren, bis die Puddingsauce kocht und eindickt. In eine Schüssel gießen, abdecken und auskühlen lassen. Mandelaroma einrühren.
3. Für die Karamelglasur Zucker und Wasser in einem kleinen Topf vermengen, bei geringer Hitze ständig rühren, bis sich der Zucker aufgelöst hat. Zum Kochen bringen, 10 Minuten kochen, ohne umzurühren, bis die Glasur goldbraun ist. Den Topf sofort auf einen anderen mit heißem Wasser stellen, damit die Glasur nicht erstarrt.
4. Die Oberteile der Brandteigringe in die Glasur tunken, mit gerösteten Mandelsplittern dekorieren und zum Trocknen auf ein Kuchengitter legen. Die Puddingfüllung mittels Spritzbeutel oder einem Löffel auf die Unterteile geben, Oberteile mit Glasur daraufsetzen.

Petits Pithiviers

(Mandeltörtchen)

Vorbereitungszeit: 40 Min. + Kühlzeit
Backzeit: 15 Min.
Ergibt 6 Stück

1/2 Masse Blätterteig (laut Grundrezept, s. Seite 4)
1 Ei, leicht geschlagen

Mandelfüllung
50 g Butter
4 EL Puderzucker
1 Eigelb
70 g Mandeln, gerieben
einige Tropfen Mandelaroma

1. Für die Füllung Butter und Zucker in einer Schüssel vermischen, bis die Masse leicht und cremig ist. Eigelb zugeben und gut verrühren. Die gemahlenen Mandeln und das Mandelaroma einrühren.
2. Den Backofen auf 210 °C vorheizen und ein Backblech mit zerlassener Butter oder Öl einfetten. Den Teig zu einem Rechteck ausrollen (25 x 35 cm). 12 Scheiben (Ø 8 cm) ausstechen. Die Mandelfüllung gleichmäßig auf 6 Scheiben verteilen, einen 2 cm breiten Rand freilassen. Den Rand mit verquirltem Ei bestreichen.

Mini Paris Brest (oben), Petits Pithiviers

3. Die restlichen Teigscheiben darüberlegen und an den Kanten festdrücken. Auf das eingefettete Backblech legen und 30 Minuten kalt stellen. Dann mit einem stumpfen Messerrücken die Kanten in regelmäßigen Abständen zusammendrücken. Die Oberseiten sternförmig einritzen und mit verquirltem Ei bestreichen.
4. 10 Minuten backen, dann die Backofentemperatur auf 180 °C reduzieren, weitere 5 Minuten backen, bis die Mandeltörtchen goldgelb sind.

Hinweis: Pithiviers sind eine französische Spezialität, die normalerweise als große Torte gebacken wird.

1 Von dem Brandteig sechs Windbeutel auf das Backblech spritzen.

2 Die Seiten mit einem scharfen Messer anstechen, damit der Dampf entweichen kann.

Windbeutel mit Mascarpone und Beeren

Vorbereitungszeit: 1 Std.
Backzeit: 40 Min.
Ergibt 6 Stück

Brandteig (laut Grundrezept, s. Seite 3)
250 g frische Himbeeren

Himbeersauce
100 g tiefgekühlte Himbeeren, aufgetaut
Puderzucker, nach Geschmack

Füllung
150 ml Sahne, sehr kalt
3 EL Puderzucker, extra
3 EL Himbeer- oder Erdbeerlikör
250 g Mascarpone

1. Backofen auf 190 °C vorheizen. Ein großes Backblech leicht einfetten und mit Backpapier auslegen. Den Brandteig in einen Spritzbeutel mit einer gezackten Tülle (Ø 15 mm) füllen. 6 Kreise (Ø 4 cm) auf das Backblech spritzen. 10 Minuten backen, dann die Temperatur auf 180 °C reduzieren und weitere 15–20 Minuten backen, bis die Windbeutel schön gebräunt und aufgegangen sind. An den Seiten einstechen, damit der Dampf entweichen kann; dann bei 150 °C im Backofen für 10 Minuten trocknen lassen. Auf einem Kuchengitter ganz erkalten lassen, dann halbieren.

2. Für die Zubereitung der Himbeersauce die Himbeeren mit einem Mixer oder in der Küchenmaschine zerkleinern. Je nach Geschmack mit Puderzucker süßen.

3. Für die Füllung Sahne und Puderzucker über einer Schüssel mit eiskaltem Wasser schlagen, dann Likör und Mascarpone gut unterrühren. Die Füllung mit einem Spritzbeutel oder einem Löffel in die unteren Hälften der Windbeutel füllen und frische Himbeeren darauf verteilen; Deckel darauf setzen. Mit extra Puderzucker bestreuen. Anschließend nach Belieben mit Himbeersauce servieren.

Hinweis: Statt der Himbeeren können Sie auch Erdbeeren oder Heidelbeeren verwenden.

Windbeutel mit Mascarpone und Beeren

3 Himbeeren zerkleinern und mit Puderzucker nach Geschmack süßen.

4 Schließlich die Himbeeren auf der Füllung verteilen.

Cappuccino-Törtchen

Vorbereitungszeit: 40 Min. + Kühlzeit
Backzeit: 15 Min.
Ergibt 6 Stück

180 g Mehl
3 EL feiner Zucker
1 TL Zimt, gemahlen
125 g kalte Butter, in Würfel geschnitten
2 Eigelb
1 EL eiskaltes Wasser

Füllung
500 ml Vanilleeiscreme
1 EL Kaffeepulver

Überzug
2 Eiweiß
3 EL feiner Zucker
180 ml Sahne
Kakaopulver oder gemahlener Zimt, zum Bestreuen

1. Mehl, Zucker, Zimt und Butter verrühren, bis die Masse krümelig ist. Eigelb und Wasser zugeben und kurz verrühren, bis die Masse glatt ist. Dann auf eine bemehlte Unterlage geben und den Teig zu einer glatten Kugel zusammenpressen. Den Backofen auf 180 °C vorheizen.
2. Den Teig in 6 gleich große Teile teilen und dünn ausrollen, so daß er in 6 Törtchenformen (Ø 10 cm) paßt. 15 Minuten kalt stellen. Mit der Gabel leicht anstechen und 12–15 Minuten backen. Auskühlen lassen, aus den Formen nehmen und auf ein Backblech legen.
3. Für die Zubereitung der Füllung die Eiscreme etwas weich werden lassen, aber ohne daß sie schmilzt. Kaffeepulver in etwas heißem Wasser auflösen und in die Eiscreme rühren. Die Füllung auf die Törtchen verteilen, glattstreichen und einfrieren, bis sie fest ist.
4. Für den Überzug Eiweiß in einer sauberen, trockenen Schüssel zu steifem Schnee schlagen. Den Zucker während des Schlagens nach und nach zugeben. In einer separaten kleinen Schüssel die Sahne steif schlagen. Dann die Sahne vorsichtig unter den Eischnee ziehen.
5. Den Überzug auf die Törtchen mit der Eiscreme verteilen, dann mit Kakaopulver oder gemahlenem Zimt bestreuen. Einfrieren, bis der Überzug fest ist. Die Törtchen vor dem Servieren noch ungefähr 10 Minuten bei Zimmertemperatur stehen lassen.

Glasierte Himbeer-Sahne-Schnitten

Vorbereitungszeit: 40 Min. + Kühlzeit
Backzeit: 10 Min.
Ergibt 12 Stück

Blätterteig (laut Grundrezept, s. Seite 4)

Schokoladenglasur
60 g Puderzucker, gesiebt
1 EL Kakaopulver

Vanilleglasur
250 g Puderzucker, gesiebt
1/2 TL Vanillearoma

Füllung
250 g Himbeermarmelade
300 ml Sahne, geschlagen

1. Blätterteig in zwei Teile teilen. Jede Hälfte zu einem Rechteck von 30 x 20 cm ausrollen und in 12 Stücke (10 x 5 cm) schneiden.
2. Zwei Backbleche einfetten und mit Backpapier auslegen. Teigstücke auf die Bleche legen, abdecken und 20 Minuten kalt stellen. Den Backofen auf 200 °C vorheizen. 10 Minuten backen, bis der Teig aufgegangen und goldgelb ist. Auf einem Kuchengitter auskühlen lassen.
3. Für die Schokoladenglasur den Puderzucker mit dem Kakaopulver

Cappuccino-Törtchen (oben) und Glasierte Himbeer-Sahne-Schnitten

und 1 EL heißem Wasser verrühren; in einen Papierspritzbeutel füllen.
4. Für die Vanilleglasur Puderzucker und Vanillearoma in einer hitzebeständigen Schüssel mit 2–3 EL heißem Wasser verrühren. Die Schüssel auf einen Topf mit siedendem Wasser stellen und rühren, bis die Glasur glatt ist und glänzt. Glasur auf je eine Hälfte der Teigstücke verstreichen. Die Schokoladenglasur in diagonalen Linien aufspritzen, einen Zahnstocher in regelmäßigen Abständen entlang der Schokoglasur-Linien ziehen, so daß sie federförmig zerlaufen. Auf einem Kuchengitter trocknen lassen.
5. Die unteren Teighälften mit Himbeermarmelade und Schlagsahne bestreichen. Oberteile daraufsetzen.

Heidelbeer-Quark-Törtchen

Vorbereitungszeit: 30 Min. + Kühlzeit
Backzeit: 35 Min.
Ergibt 6 Stück

Süßer Mürbeteig (laut Grundrezept, s. Seite 4)
150 g frische Heidelbeeren
250 g Quark
125 g feiner Zucker
1 TL Vanillearoma
1 Ei
3 EL Sahne
3 EL Mandelsplitter

1. Backofen auf 200 °C vorheizen. 6 Törtchenformen (Ø 10 cm) leicht einfetten.
2. Den Teig in 6 gleiche Teile teilen und zwischen Pergamentpapier ausrollen; die Formen damit auslegen. 15 Minuten kalt stellen. Dann 15 Minuten backen, bis die Törtchen leicht gebräunt sind. Herausnehmen und die Temperatur auf 180 °C reduzieren.
3. Die Heidelbeeren in die Törtchen geben, so daß der Boden bedeckt ist. Dann Quark und Zucker cremig schlagen, Vanillearoma und Ei zugeben. Gut verrühren und Sahne unterziehen. Über die Blaubeeren gießen und mit Mandeln bestreuen. 20 Minuten backen, bis sich die Füllung gesetzt hat. Anschließend zum Servieren nach Belieben mit Puderzucker bestreuen.

Glasierte Mandelschnecken

Vorbereitungszeit: 40 Min. + Kühlzeit
Backzeit: 15 Min.
Ergibt 30 Stück

Blätterteig (laut Grundrezept, s. Seite 4)
1 Ei, leicht geschlagen
125 g feiner Zucker
60 g Mandeln, gemahlen

Mandelglasur
180 g Puderzucker, gesiebt
1 TL Butter
Mandelaroma
60 g Mandelsplitter, geröstet und gehackt

1. Den Backofen auf 200 °C vorheizen. Ein Backblech mit zerlassener Butter oder Öl einfetten. Den Teig zweiteilen und zu je einem Rechteck (30 x 20 cm) ausrollen. Mit verquirltem Ei bestreichen.
2. Zucker und Mandeln vermengen und auf den Teig streuen; die Ränder zuschneiden. Dann der Länge nach bis zur Mitte einrollen und die andere Seite bis zur Mitte einrollen. Zusammendrücken und mit etwas Ei bestreichen.
3. Mit einem scharfen Messer 2 cm dicke Scheiben abschneiden. Die Scheiben einzeln auf das Backblech legen, dabei genug Platz zum Aufgehen lassen. Jetzt mit einem bemehlten Spatel auf 1,5 cm Stärke flachdrücken. Für 15 Minuten kalt stellen und dann 15 Minuten backen, bis die Schnecken aufgegangen und schön goldgelb sind. Anschließend auf einem Kuchengitter auskühlen lassen.
4. Für die Zubereitung der Mandelglasur den Puderzucker in eine kleine Schüssel geben. Die Butter mit 1–2 EL heißem Wasser vermischen und zum Puderzucker geben; dann zu einer glatten Paste verrühren. Je nach Geschmack ein paar Tropfen Mandelaroma zugeben. Die Glasur auf den Schnecken verteilen und mit gehackten Mandeln bestreuen. Die Mandelschnecken in einem luftdichten Behälter aufbewahren.

Heidelbeer-Quark-Törtchen (oben) und Glasierte Mandelschnecken

Schoko-Apfel-Pies

Vorbereitungszeit:
40 Min. + Kühlzeit
Backzeit: 30 Min.
Ergibt 12 Stück

250 g Mehl
1 TL Backpulver
1/2 TL Salz
1 EL feiner Zucker
125 g kalte Butter, in Würfel geschnitten
100 g zartbittere Schokolade, geschmolzen und abgekühlt
1 Eigelb

Füllung
3 Granny-Smith-Äpfel, geschält, entkernt und kleingeschnitten
1 EL Wasser

Überzug
90 g zartbittere Schokolade
25 g Butter
2 EL Walnüsse, gehackt

1. Mehl, Backpulver, Salz, Zucker und Butter vermischen, bis die Masse krümelig ist. Schokolade, Eigelb und 2 EL kaltes Wasser zugeben und rühren, bis die Masse geschmeidig ist.
2. Den Teig auf eine bemehlte Unterlage geben und zu einer glatten Kugel formen. Mit Frischhaltefolie abdekken und 45 Minuten kalt stellen.
3. Den Backofen auf 180 °C vorheizen. 12 Pastetenförmchen (Ø 6 cm) leicht einfetten. Zwei Drittel des Teigs dünn zwischen zwei Blättern Backpapier ausrollen. Ausschneiden, so daß der Teig in die Formen paßt (der Teig wird weich und klebrig sein).
4. Für die Füllung die Äpfel mit Wasser in einen Topf geben. Abdecken und köcheln lassen, bis sie weich sind. Wasser abgießen, gut abtropfen und auskühlen lassen. In jede Teigform einen gehäuften Teelöffel Äpfel geben. Den übrigen Teig ausrollen und die Deckel für die Pies ausschneiden. Die Ränder leicht mit Wasser befeuchten, dann fest zusammenpressen. Die Oberflächen der Pies mit einer Gabel mehrmals einstechen. 20 Minuten backen, in den Formen 5 Minuten auskühlen lassen, dann zum Erkalten auf ein Kuchengitter geben.
5. Für den Überzug Schokolade mit Butter in einer hitzebeständigen Schüssel über einem Topf mit kochendem Wasser schmelzen lassen, bis sie glatt ist und glänzt. Die Pies gleichmäßig damit bestreichen und mit Walnüssen bestreuen. Kalt stellen, bis die Glasur fest ist.

Apfelkuchen nach Bauernart

Vorbereitungszeit:
20 Min. + Kühlzeit
Backzeit: 20 Min.
Ergibt 6 Stück

3 kleine, rote Äpfel
1/2 Menge Blätterteig (laut Grundrezept, s. Seite 4)
3 TL Aprikosenmarmelade
3 EL feiner Zucker
50 g Butter, in kleine Würfel geschnitten
3 EL Aprikosenmarmelade, extra, fein verrührt

1. Ein großes Backblech leicht einfetten. Äpfel vierteln und entkernen (Schale daran lassen), in ganz dünne Scheiben schneiden, die Apfelform soll dabei erhalten bleiben.
2. Den Teig zu einem Rechteck (25 x 36 cm) ausrollen, Ränder abschneiden. Der Länge nach in zwei Hälften schneiden, dann zweimal quer, so daß 6 Stücke entstehen. In großen Abständen auf das Blech legen. Auf jedem Teigstück 1 TL Aprikosenmarmelade verstreichen und dabei einen 2 cm breiten Rand frei lassen.
3. Die Apfelstücke gleichmäßig der Länge

Apfelkuchen nach Bauernart (oben), Schoko-Apfel-Pies

nach auf jedem Teigstück verteilen, etwas Rand frei lassen. Mit Zucker bestreuen und mit kleinen Butterwürfeln versehen. Mit dem Messerrücken die Kanten in regelmäßigen Abständen etwas eindrücken. Dadurch wird der Teig knusprig.

4. Mindestens 20 Minuten kalt stellen. Den Backofen auf 210 °C vorheizen, dann die Kuchenstücke 20 Minuten backen, bis sie aufgegangen und goldgelb sind. Heiß mit erwärmter Marmelade bestreichen. Warm oder kalt servieren.

Apfeltaschen

Vorbereitungszeit:
40 Min. + Kühlzeit
Backzeit: 25 Min.
Ergibt 12 Stück

Blätterteig (laut Grundrezept, s. Seite 4)

Apfelfüllung
1 Becher Apfelkompott
1–2 EL feiner Zucker, nach Geschmack
50 g Rosinen, feingehackt
30 g Walnüsse, gehackt
1 Eiweiß, leicht geschlagen
Zucker, zum Bestreuen

1. Backofen auf 210 °C vorheizen. Ein Backblech mit zerlassener Butter oder Öl einfetten. Den Teig auf einer leicht bemehlten Unterlage zu einem Rechteck von 45 x 35 cm ausrollen. 12 Scheiben (Ø 10 cm) ausstechen.
2. Für die Apfelfüllung Äpfel, Zucker, Rosinen und Walnüsse vermengen.
3. Die Füllung auf den Teigscheiben verteilen, die Außenkante mit Wasser bestreichen, dann zur Hälfte zusammenklappen und fest zusammenpressen. Mit einem Messerrücken in regelmäßigen Abständen festdrücken. Mit Eiweiß bestreichen und mit Zucker bestreuen. In jede Tasche oben zwei Schlitze einschneiden. 15 Minuten backen, anschließend die Temperatur auf 190 °C reduzieren und weitere 10 Minuten backen, bis die Taschen goldbraun sind.

Korinthenschnecken

Vorbereitungszeit:
30 Min. + Gehzeit
Backzeit: 12 Min.
Ergibt 10 Stück

1/2 Masse Plunderteig (laut Grundrezept, s. Seite 5)

Füllung
50 g weiche Butter
3 EL feiner Zucker
1 TL Zimt, gemahlen
90 g Korinthen
2 TL Rum
1 Ei, verquirlt, zum Bestreichen

Glasur
60 g Puderzucker, gesiebt
2–3 TL Milch

1. Für die Zubereitung der Füllung Butter, Zucker und Zimt in einer kleinen Schüssel vermengen. Die Korinthen in Rum einweichen. Zwei Backbleche mit zerlassener Butter einfetten. Den Teig zu einem Rechteck ausrollen und zuschneiden (30 x 20 cm). Die Butter-Zucker-Masse darauf verstreichen und mit einem Spatel glätten. Dann die Korinthen gleichmäßig darauf verteilen und den Teig von der schmalen Seite her zusammenrollen.
2. Die Rolle in zehn 2 cm dicke Scheiben schneiden. Mit bemehlten Händen gleichmäßig zu 1,5 cm Stärke zusammendrücken und anschließend auf die Bleche legen. Klarsichtfolie lose darüberlegen und an einem warmen Ort 20 Minuten aufgehen lassen. Dann den Backofen auf 200 °C vorheizen. Die Schnekken mit verquirltem Ei bestreichen und 12 Minuten backen, bis sie goldbraun und knusprig sind. Auf einem Kuchengitter auskühlen lassen.
3. Für die Zubereitung der Glasur Puderzucker und Milch glattrühren, dann über die Korinthenschnecken träufeln.

Apfeltaschen (oben) und Korinthenschnecken

Baklava

Vorbereitungszeit:
30 Min.
Backzeit: 45 Min.
Ergibt 4–6 Stück

375 g Walnüsse, feingehackt
155 g Mandeln, feingehackt
1/2 TL Zimt, gemahlen
1/2 TL gemischte Gewürze, gemahlen
1 EL feiner Zucker
16 Blätter Filloteig
60 g weiche Butter
3 EL Olivenöl

Sirup
250 g Zucker
180 ml Wasser
3 ganze Nelken
3 TL Zitronensaft

1. Den Backofen auf 180 °C vorheizen. Eine feuerfeste Schüssel (ca. 18 x 28 cm) mit zerlassener Butter oder Öl einfetten. Walnüsse, Mandeln, Gewürze und Zucker in einer Schüssel vermengen und in drei Portionen teilen. Ein Teigblatt auf die Arbeitsfläche legen, die Butter mit dem Öl vermengen und die Hälfte des Teigblatts damit bestreichen, der Breite nach zur Hälfte zusammenschlagen. Auf den Boden der Schüssel legen und überstehende Ränder abschneiden. Den Vorgang mit weiteren drei Teigblättern wiederholen.
2. Eine Portion der Nußmischung darüberstreuen. Dann wieder vier Teigblätter wie zuvor beschrieben darüberlegen. Mit der zweiten Portion der Nußmischung bestreuen und abermals vier Teigblätter darauflegen, dann die dritte Portion Nußmischung und die restlichen vier Teigblätter darübergeben. Überstehenden Teig abschneiden.
3. Die letzte Teiglage mit der übrigen Butter-Öl-Mischung bestreichen. Dann gleichmäßig Rauten oder Quadrate einritzen. 30 Minuten backen, bis die Baklava goldbraun und knusprig ist.
4. Für den Sirup Zucker, Wasser, Nelken und Zitronensaft in einen kleinen Topf geben. Bei geringer Temperatur unter ständigem Rühren erhitzen, bis die Masse kocht und der Zucker aufgelöst ist. Temperatur reduzieren und 10 Minuten köcheln lassen, nicht umrühren. Anschließend auskühlen lassen, die Nelken herausnehmen und über die heiße Baklava gießen. Nach dem Erkalten in Quadrate oder Rauten schneiden und servieren.

Sahnehörnchen

Vorbereitungszeit:
40 Min. + Kühlzeit
Backzeit: 20 Min.
Ergibt 15 Stück

1/2 Masse Blätterteig (laut Grundrezept, s. Seite 4)
Aprikosenmarmelade
3 EL Pistazien, feingehackt
Puderzucker, zum Bestreuen

Chantilly-Sahne
300 ml Sahne
2 EL Puderzucker
1 TL Vanillearoma

1. Ein Backblech und 15 Hörnchenformen mit Öl einfetten. Den Teig auf einer leicht bemehlten Unterlage zu einem Quadrat (30 cm) ausrollen, die Ränder zuschneiden. In 15 Streifen von 2 cm Breite schneiden.
2. An der Längskante mit Wasser befeuchten, dann den Teigstreifen (an der Spitze beginnend) spiralförmig um die Form legen, die befeuchtete Kante überlappend. Den Vorgang mit den restlichen Teigstreifen wiederholen. Auf das Backblech legen, abdecken und 15 Minuten kalt stellen. Backofen auf 200 °C vorheizen.

Baklava (oben), Sahnehörnchen

3. Die Hörnchen 15 Minuten backen und dann die Formen entfernen. Die Temperatur auf 180° C reduzieren und die Hörnchen weitere 5 Minuten backen, bis sie goldgelb sind. Dann auf einem Kuchengitter auskühlen lassen.

4. Für die Chantilly-Sahne: Sahne, Puderzucker und Vanillearoma steif schlagen.

5. Vor dem Servieren etwas Marmelade in die Hörnchenspitzen füllen. Chantilly-Sahne hineinspritzen; mit Pistazien bestreuen. Mit gesiebtem Puderzucker bestäuben.

1 Die Aprikosen in kochendes Wasser legen, bis sie weich sind.

2 Die Apfelscheiben mit Zucker, Zitronensaft und Gewürzen vermengen.

Apfel-Aprikosen-Strudel

Vorbereitungszeit:
30 Min. + Einweichzeit
Backzeit: 40 Min.
Ergibt 1 großen Strudel

20 Trockenaprikosen
2 große Kochäpfel
3 EL feiner Zucker
1 EL Zitronensaft
1/2 TL Zimt, gemahlen
1/2 TL Gewürzmischung (Lorbeer, Zimt, Koriander etc.)
8 Blätter Filloteig
60 g weiche Butter
2 EL Öl
80 g Paniermehl
3 EL Mandeln, gemahlen
Puderzucker, zum Bestreuen

1. Den Backofen auf 180 °C vorheizen. Ein Backblech mit zerlassener Butter leicht einfetten. Die Aprikosen 15 Minuten in kochendes Wasser legen, bis sie weich sind; gut abtropfen lassen.

2. Die Äpfel schälen, entkernen und in dünne Scheiben schneiden. In eine große Schüssel geben und Zucker, Zitronensaft, Zimt und Gewürze zugeben. Mit sauberen Händen vermengen, so daß die Äpfel gut überzogen sind. Aprikosen untermengen; während der Teigzubereitung beiseite stellen.

3. Butter und Öl vermischen und ein Teigblatt damit bestreichen. Ein zweites zur Hälfte darüberlegen, so daß ein großes Rechteck entsteht. Paniermehl und Mandeln in einer Schüssel vermengen und etwas über den Teig streuen. Zwei weitere Teigblätter darüberlegen, mit Butter und Öl bestreichen. Dann mit Paniermehl und Mandeln bestreuen. Den Vorgang mit den restlichen Teigblättern wiederholen.

4. Die Fruchtfüllung abtropfen lassen und dann auf die Längsseite der Teigblätter geben, dabei einen 2,5 cm breiten Rand frei lassen. Zusammenrollen, dabei die Enden einschlagen, damit keine Füllung austreten kann. Mit der Naht nach unten auf das Backblech legen und mit zerlassener Butter bestreichen. 35–40 Minuten backen, bis der Strudel goldbraun und knusprig ist. Mit Puderzucker bestäuben. Diagonal in Stücke schneiden und anschließend warm oder kalt servieren.

Apfel-Aprikosen-Strudel

3 Ein Teigblatt zur Hälfte über das andere legen, so daß ein großes Rechteck entsteht.

4 Teigblätter zusammenrollen, die Enden einschlagen, damit keine Füllung austreten kann.

Feigen-Birnen-Törtchen

Vorbereitungszeit:
30 Min. + Kühlzeit
Backzeit: 40 Min.
Ergibt 6 Stück

150 g Mehl
1/2 Becher Haselnüsse, gemahlen
1/2 TL Salz
3 EL feiner Zucker
100 g kalte Butter, in kleine Würfel geschnitten
1 Eigelb
1 EL eiskaltes Wasser
3 EL Haselnüsse, gehackt

Füllung
50 g Butter
90 g Rohrzucker
125 ml Apfelsaft
2 EL Brandy
1 reife Birne, geschält und entkernt
250 g weiche Dessert-Feigen, kleingeschnitten

1. Mehl, Haselnüsse, Salz, Zucker und Butter mit dem Mixer oder in der Küchenmaschine vermengen, bis die Masse krümelig ist. Eigelb und Wasser zugeben und vermischen, bis die Masse homogen ist. Den Teig auf eine leicht bemehlte Unterlage geben und zu einer glatten Kugel formen. Anschließend, mit Frischhalte- oder Alufolie abgedeckt, für 45 Minuten in den Kühlschrank geben.
2. Den Backofen auf 210 °C vorheizen. Den Teig in 6 Teile teilen und auf einer leicht bemehlten Unterlage ausrollen, so daß die Teile in 6 Backformen (Ø 6 cm) passen. Den Teig ein paarmal einstechen. 12 Minuten backen, bis der Teig durchgebacken und leicht gebräunt ist. In den Formen ganz auskühlen lassen.
3. Für die Füllung Butter, Zucker, Apfelsaft und Brandy in einem Topf unter ständigem Rühren zum Kochen bringen. So lange köcheln lassen, bis der Saft sich reduziert hat und eine sirupartige Konsistenz annimmt. Die Birne in Würfel schneiden (1 cm) und mit den Feigen in den Sirup geben.
4. Die Törtchen auf ein Backblech geben und die heiße Füllung hineingeben. Mit Haselnüssen bestreuen und 12–15 Minuten backen. Sofort mit Sahne oder Eiscreme servieren.

Hinweis: Dessert-Feigen sind getrocknete Feigen, die bereits weichgemacht wurden. Sie sind fertig im Supermarkt erhältlich.

Kokosnußtörtchen

Vorbereitungszeit:
45 Min. + Kühlzeit
Backzeit: 30 Min.
Ergibt 24 Stück

180 g Mehl
3 EL Puderzucker
125 g Butter, in kleine Würfel geschnitten
abgeriebene Schale von 2 Zitronen
1 Eigelb

Füllung
175 g feiner Zucker
3 EL Zitronensaft
300 g Kokosraspel
3 Eier, leicht geschlagen
60 g weiche Butter
3 EL Milch
1 TL Backpulver
3 EL Himbeermarmelade

1. Mehl und Puderzucker in eine Schüssel sieben. Butter hineinreiben, bis die Masse krümelig ist. Zitronenschale einrühren.
2. Eigelb und 3 EL kaltes Wasser zugeben. Mit einem Messer zu einem groben Teig verrühren; falls notwendig, noch 1 EL Wasser zugeben. Den Teig auf eine leicht bemehlte Unterlage geben, zu einer Kugel formen. Dann in Frischhaltefolie hüllen und 20 Minuten kalt stellen.
3. Den Teig zwischen zwei Blättern Backpapier ausrollen (3 mm

Feigen-Birnen-Törtchen (oben), Kokosnußtörtchen

dick). Dann 24 Scheiben (Ø 7 cm) ausstechen und in flache, eingefettete Backformen legen. Mit Plastikfolie abdecken und für 20 Minuten kalt stellen. Anschließend den Backofen auf 180 °C vorheizen.

4. Für die Füllung Zukker und Zitronensaft mit 125 ml Wasser in einem Topf erhitzen, bis sich der Zucker aufgelöst hat. Vom Herd nehmen, Kokosraspel, Eier, Butter, Milch und Backpulver zugeben und gut vermischen.

5. 1/2 TL Marmelade in jedes Törtchen geben, die Füllung darauf verteilen und 25 Minuten backen, bis die Törtchen fest und goldgelb sind.

1 Den Teig so lange mischen, bis er geschmeidig ist. Zuviel Rühren macht ihn hart.

Sauerkirschtörtchen

Vorbereitungszeit: 25 Min. + Kühlzeit
Backzeit: 15 Min.
Ergibt 6 Stück

100 g Mandeln, gerieben
125 g Mehl
30 g Puderzucker
90 g kalte Butter, in Würfel geschnitten

Füllung
250 g Quark
3 EL Sahne
1 EL Puderzucker, gesiebt
1/2 TL fein abgeriebene Zitronenschale
750 g Sauerkirschen, aus dem Glas, gut abgetropft
170 g Johannisbeergelee

1. Mandeln, Mehl, Puderzucker und Butter mit dem Mixer oder in der Küchenmaschine vermengen, bis die Masse krümelig ist. 1 EL eiskaltes Wasser zugeben und vermischen, bis die Masse homogen ist. Den Teig auf eine leicht bemehlte Unterlage geben und zu einer glatten Kugel formen. Mit Frischhaltefolie abgedeckt, mindestens 45 Minuten kalt stellen.
2. Den Backofen auf 180 °C vorheizen. Den Teig in 6 gleich große Teile teilen und auf einem bemehlten Brett dünn ausrollen, so daß sie in 6 Törtchenformen (Ø 9 cm) passen. Die Böden mit einer Gabel leicht anstechen und 10 Minuten backen, bis die Törtchen goldgelb sind. Anschließend aus den Formen nehmen und völlig auskühlen lassen.
3. Für die Zubereitung der Füllung Quark in einer kleinen Schüssel glattrühren. Sahne, Puderzucker und abgeriebene Zitronenschale unterrühren. Die Füllung auf die Törtchen verteilen und die Oberfläche glattstreichen. Dann die Kirschen darauflegen.
4. Das Johannisbeergelee in einem kleinen Topf langsam erwärmen, bis es geschmolzen ist, dann auf den Kirschen verstreichen. Die Törtchen bis zum Servieren kalt stellen.

Hinweis: Eingelegte Sauerkirschen werden oft auch als »Morello«-Kirschen bezeichnet. Die gemahlenen Mandeln geben diesem Gebäck ein besonders feines Aroma, aber der Teig kann dadurch auch leicht klumpig werden, also besonders aufpassen. Quark läßt sich bei Zimmertemperatur übrigens leichter verarbeiten.

Sauerkirschtörtchen

3 Die ausgekühlten Törtchen mit der Quarkcreme füllen, Oberfläche glattstreichen.

Mokka-Törtchen

Vorbereitungszeit:
15 Min. + Kühlzeit
Backzeit: 40 Min.
Ergibt 6 Stück

180 g Mehl
3 EL Puderzucker
125 g Butter, in Würfel geschnitten
60 g Pekannüsse, feingehackt und angeröstet
1 Eigelb

Füllung
125 g Butter
90 g brauner Zucker
4 EL Sahne
3 EL Mehl
2 TL Kaffeepulver
2 TL heißes Wasser
1–2 EL Kaffeelikör (Kahlua)
40 g Pekannüsse, grobgehackt
1 EL Demerara-Zucker

1. Mehl und Puderzucker in eine große Schüssel sieben und dann die Butter hineinreiben. Die Pekannüsse unterrühren, dann Eigelb und etwas Wasser, falls erforderlich, einrühren, so daß eine homogener Teig entsteht. Mit einer Folie abdecken und 30 Minuten kalt stellen. Den Backofen auf 200 °C vorheizen.
2. Den Teig in 6 gleich große Portionen teilen. Jede Portion in eine Törtchenform (Ø 10 cm) drücken. Die Böden mit einer Gabel mehrmals anstechen. Auf ein Backblech stellen und 12–15 Minuten backen; auskühlen lassen. Anschließend die Backofentemperatur auf 180 °C reduzieren.
3. Für die Zubereitung der Füllung Butter und Zucker in einer Pfanne schmelzen und so lange rühren, bis sich der Zucker aufgelöst hat, zum Kochen bringen und 5 Minuten sanft köcheln lassen, dabei gelegentlich umrühren. Vom Herd nehmen und die mit Mehl vermischte Sahne mit einem Schneebesen unterrühren. Dann wieder auf den Herd stellen, zum Kochen bringen und 3 Minuten lang durchrühren. Vom Herd nehmen und das in Wasser aufgelöste Kaffeepulver und den Kaffeelikör zugeben.
4. Nun die Füllung in die Törtchen gießen, mit Pekannüssen und Zukker bestreuen und 10 Minuten backen. Vor dem Servieren etwas auskühlen lassen. Mokka-Törtchen schmecken köstlich mit Erdbeeren und Sahne.

Grießröllchen

Vorbereitungszeit:
30 Min.
Backzeit: 35 Min.
Ergibt ca. 20 Stück

250 ml Milch
125 ml Sahne
60 g feiner Grieß
4 EL Zucker
2 Eier, leicht geschlagen
2 TL abgeriebene Zitronenschale
1 TL Vanillearoma
10 Blätter Filloteig
60 g weiche Butter
3 EL Puderzucker, zum Bestreuen
1 TL Zimt, zum Bestreuen

1. Den Backofen auf 190 °C vorheizen und ein Backblech leicht einfetten. Milch, Sahne, Grieß, Zucker, Eier und Zitronenschale in einem Topf gut vermischen. Bei geringer Temperatur 10 Minuten schlagen, bis die Masse dick und zähflüssig ist. Vom Herd nehmen und Vanillearoma einrühren. Dann in eine Schüssel geben, mit einer Plastikfolie abdecken und auskühlen lassen.
2. Ein Blatt Filloteig mit etwas zerlassener Butter bestreichen, ein zweites Teigblatt darauf legen und wieder mit Butter bestreichen. Anschließend der Breite nach in

Mokka-Törtchen (oben), Grießröllchen

4 Streifen schneiden. Dann je einen gehäuften Eßlöffel Füllung auf das Ende jedes Streifens geben und zusammenrollen, dabei die Seiten des Teigs einschlagen.

Mit der Butter bestreichen und auf das Backblech legen. Diesen Vorgang mit den restlichen Filloteigblättern und der Füllung wiederholen.

3. 25 Minuten backen, bis der Teig aufgegangen und goldgelb ist. Die Grießröllchen mit Puderzucker und Zimt bestreuen.

1 Die Creme vom Herd nehmen und das Aprikosenpüree einrühren.

2 Dann die Quadrate von den Ecken her bis auf 1 cm in der Mitte einschneiden.

Aprikosensterne

Vorbereitungszeit:
35 Min. + Gehzeit
Backzeit: 25–30 Min.
Ergibt 12 Stück

10 Trockenaprikosen
1 EL feiner Zucker
1 EL Maismehl
1 Eigelb
125 ml Milch
1 TL Grand Marnier oder Cointreau
1/2 Masse Plunderteig (laut Grundrezept, s. Seite 5)
1 verquirltes Ei, zum Bestreichen
3 EL Aprikosenmarmelade
Puderzucker, zum Bestreuen

1. Die Aprikosen in einen Topf geben, mit Wasser bedecken und 10 Minuten köcheln lassen, bis sie weich sind. Abtropfen lassen, dann pürieren und zum Auskühlen beiseite stellen. In einem kleinen Topf Zucker und Maismehl glattrühren; nach und nach die mit Eigelb verquirlte Milch unterrühren. Bei geringer Temperatur so lange schlagen, bis die Masse kocht und eindickt. Vom Herd nehmen und das Aprikosenpüree und den Likör einrühren. Anschließend in eine Schüssel geben, mit Klarsichtfolie abdecken und kalt stellen.

2. Zwei Backbleche mit zerlassener Butter einfetten. Den Teig ausrollen und zuschneiden, so daß ein Rechteck von ca. 24 x 32 cm entsteht. In zwölf Quadrate von 8 cm Seitenlänge schneiden. Dann jedes Quadrat von den Ecken bis auf 1 cm in der Mitte einschneiden.

3. Einen gehäuften Teelöffel Creme in die Mitte jedes Quadrates geben. Von jedem eingeschnittenen Teil ein Eck zur Mitte einschlagen und mit verquirltem Ei befestigen. Auf die Backbleche legen. Mit Folie lose abdecken und an einem warmen Ort 20 Minuten gehen lassen. Dann den Backofen auf 200 °C vorheizen.

4. Das Gebäck mit verquirltem Ei bestreichen und etwas Marmelade in die Mitte geben. 12 Minuten knusprig goldgelb backen. Auf einem Kuchengitter auskühlen lassen, vor dem Servieren leicht mit Puderzucker bestäuben.

Aprikosensterne

3 Von jedem eingeschnittenen Teil eine Ecke zur Mitte einschlagen.

4 Mit verquirltem Ei bestreichen, etwas Marmelade in die Mitte geben.

Dattel-Haselnuß-Taschen

Vorbereitungszeit:
30 Min. + 30 Min. Kühlzeit
Backzeit: 30 Min.
Ergibt 24 Stück

40 g Butter
40 g brauner Zucker
180 g Sirup
320 g Mehl
3 EL Mehl, mit 1 Messerspitze Backpulver versiebt
1/4 TL Nelken, gemahlen
1/2 TL Gewürzmischung (Lorbeer, Zimt, Koriander etc.)
1/2 TL Zimt, gemahlen
1 Ei, leicht geschlagen

Dattel-Haselnuß-Füllung
320 g Datteln, entkernt, kleingehackt
125 ml Wasser
90 g Haselnüsse, geröstet und feingehackt
1/2 TL gemischte Gewürze
1 TL abgeriebene Orangenschale
1 Ei, leicht geschlagen, zum Bestreichen
1 EL Demerara- oder Rohzucker

1. Butter, Zucker und Sirup in einem Topf bei niedriger Temperatur verrühren, bis sich der Zucker aufgelöst hat, dann 10 Minuten auskühlen lassen. Mehl, Backpulver und Gewürze in eine große Schüssel sieben, Ei und Butter-Zucker-Sirup zugeben und mit einem Holzlöffel vermengen, bis ein klebriger Teig entsteht. Auf eine bemehlte Unterlage geben und leicht kneten, bis der Teig nicht mehr klebrig ist. Mit Frischhaltefolie abdecken und 30 Minuten kalt stellen.
2. Für die Füllung Datteln und Wasser in einem Topf aufkochen, Temperatur reduzieren und ohne Deckel 10 Minuten köcheln lassen, gelegentlich verrühren, bis die Masse eindickt. Auskühlen lassen. Dann die mit Gewürzen und Orangenschale vermengten Haselnüsse einrühren. Den Backofen auf 200 °C vorheizen und ein Backblech leicht einfetten.
3. Den Teig in 4 Portionen teilen. Eine Portion auf einem leicht bemehlten Brett ausrollen (ca. 10 x 20 cm). Ein Viertel der Füllung in die Mitte dieses Teigstreifens streichen. Eine Seite mit verquirltem Ei bestreichen und fest zusammenrollen. Dann vorsichtig zusammendrücken, damit keine Füllung austritt, und mit der Naht nach unten auf das Backblech legen.
4. Die Rolle in Stücke aufschneiden, ohne ganz bis zum Boden durchzuschneiden. Den Vorgang mit dem restlichen Teig und der Füllung wiederholen.
5. Mit dem übrigen Ei bestreichen, mit Zucker bestreuen und 10–12 Minuten backen, bis die Taschen leicht gebräunt sind. Die heißen Taschen ganz durchschneiden. 5 Minuten auskühlen lassen, dann zum völligen Erkalten auf ein Kuchengitter geben.

Feigen in Filloteig

Vorbereitungszeit: 20 Min.
Backzeit: 15 Min.
Ergibt 6 Stück

40 g Walnüsse, gehackt
1 EL Honig
1/2 TL fein abgeriebene Zitronenschale
12 Blätter Filloteig
50 g weiche Butter
6 Feigen, fest und reif

1. Den Backofen auf 180 °C vorheizen. Die Walnüsse auf ein Backblech streuen und 3 Minuten im Backofen rösten und auskühlen lassen. Dann mit Honig und Zitronenschale vermengen.
2. Ein Teigblatt mit zerlassener Butter bestreichen. Ein weiteres Blatt darauflegen, wieder mit Butter bestreichen, den Vorgang noch zweimal wiederholen. Den Teig in zwei Rechtecke schnei-

Dattel-Haselnuß-Taschen (oben) und Feigen in Filloteig

den. Das Ganze mit den restlichen Filloteigblättern wiederholen.

3. Die Stiele von den Feigen entfernen und von oben bis fast unten zur Hälfte durchschneiden. Mit der Walnußmasse füllen, die Feigen auf je ein Teigrechteck setzen und mit dem Teig umhüllen. Teig oben mit einem Gummiring zusammenbinden, mit zerlassener Butter bestreichen und auf ein Backblech geben. 8–10 Minuten goldgelb backen. Gummiring entfernen und servieren.

Kürbistaschen

Vorbereitungszeit: 30 Min.
Backzeit: 10 Min.
Ergibt 12 Stück

180 g Kürbis, gerieben
100 g Mandeln, gerieben
3 EL feiner Zucker
1/2 TL Kardamom, gemahlen
50 g Mandeln, blanchiert, geröstet und gehackt
6 Blätter Filloteig
60 g weiche Butter

1. Den Backofen auf 200 °C vorheizen. Kürbis, gemahlene Mandeln, Zucker und Kardamom vermengen. Die gehackten Mandeln zugeben und 1 EL davon zurückbehalten.
2. Ein Teigblatt mit Butter bestreichen, ein zweites darauflegen und ebenfalls mit Butter bestreichen. In 4 Streifen schneiden. 1 EL Füllung auf das Ende jedes Streifens legen, die Seiten einschlagen, mit Butter bestreichen und zusammenrollen. Den Vorgang mit dem restlichen Teig wiederholen.
3. Die Taschen auf ein gefettetes Backblech legen, mit der restlichen Butter bestreichen und mit Mandeln bestreuen. 8–10 Minuten backen, bis sie goldgelb sind.

Pfirsich-Törtchen mit Ricotta

Vorbereitungszeit: 35 Min. + Kühlzeit
Backzeit: 25 Min.
Ergibt 6 Stück

150 g Mehl
1/4 TL Salz
90 g kalte Butter, in Würfel geschnitten
2 EL feiner Zucker
1/4 TL Vanillearoma
1 Eigelb

Füllung
375 g Ricotta
1 EL Honig
1 Ei, geschlagen
Vanillearoma, nach Geschmack

Überzug
400 g Pfirsichscheiben, aus der Dose, gut abgetropft
90 g brauner Zucker
30 g Butter
125 ml Sahne
1 EL Grand Marnier

1. Mehl, Salz, Butter und Zucker in der Küchenmaschine oder mit dem Mixer vermengen, bis die Masse krümelig ist. Vanillearoma, Eigelb und 1 EL eiskaltes Wasser zugeben und vermischen, bis die Masse homogen ist. In Folie wickeln und 30 Minuten kalt stellen. Dann den Backofen auf 180 °C vorheizen.
2. Den Teig in 6 gleich große Teile teilen. Jeden Teil dünn ausrollen, so daß er in eine Törtchenform (Ø 10 cm) paßt. Mit einer Gabel leicht anstechen und 8 Minuten backen.
3. Für die Füllung: Die Zutaten gut vermischen. Schnell auf die heißen Törtchen verteilen und glattstreichen. Weitere 18 Minuten backen, bis sich die Füllung gesetzt hat und der Teig durchgebacken ist. Völlig auskühlen lassen.
4. Für die Zubereitung des Überzugs: Die Pfirsiche in dünne Scheiben schneiden und auf die kalten Törtchen legen. Zucker, Butter, Sahne und Likör in einen kleinen Topf geben und unter ständigem Rühren zum Kochen bringen. So lange erhitzen, bis sich die Masse reduziert hat und sirupartig wird, dabei gelegentlich durchrühren. Noch ein paar Minuten auskühlen lassen, bis sie leicht eingedickt ist, dann auf den Törtchen verstreichen.

Kürbistaschen (oben), Pfirsich-Törtchen mit Ricotta

Frucht-Mandel-Törtchen

Vorbereitungszeit:
30 Min.
Backzeit: 15 Min.
Ergibt 24 Stück

12 Blätter Filloteig
60 g weiche Butter
100 g Marzipan

Fruchtfüllung
30 g Butter
4 Dörrpflaumen, feingehackt
50 g Korinthen
30 g Sultaninen
50 g Rosinen, gehackt
1 EL kandierte Früchte
2 EL feiner Zucker
2 TL Brandy oder Rum
1/2 TL Zimt
1/2 TL Muskatnuß

1. Den Backofen auf 180 °C vorheizen. 24 Pastetenformen ganz leicht mit zerlassener Butter einfetten.
2. Für die Zubereitung der Fruchtfüllung Butter in einem kleinen Topf zerlassen, die restlichen Zutaten zugeben und gut verrühren. Bei geringer Temperatur 2 Minuten umrühren, bis die Früchte überzogen sind und sich der Zucker aufgelöst hat. Dann auskühlen lassen.
3. Den Filloteig mit einem feuchten Küchentuch bedecken. 8 Blätter zu 7 cm großen Quadraten schneiden, abdecken und beiseite stellen. Dann 4 Blätter zu 8 cm großen Quadraten schneiden, abdecken und beiseite stellen.
4. Die kleineren Quadrate bilden die Basis für die Törtchen (8 Quadrate pro Törtchen). Ein Quadrat mit Butter bestreichen, ein zweites darauflegen. 6 weitere Quadrate buttern und darauflegen, dann in der Form eines achtzackigen Sternes anordnen. Den Vorgang wiederholen, bis Sie 24 Sterne haben.
5. Für die Zubereitung der Füllung die größeren Quadrate verwenden. Pro Törtchen benötigt man 2 mit Butter zusammengefügte Teigquadrate. 1/2 TL Marzipan in die Mitte dieser Quadrate geben, 1 TL Fruchtfüllung darauf. Den Teig um die Füllung hüllen und mit etwas Butter versiegeln. Mit der Naht nach unten in die vorbereiteten Formen legen und leicht mit Butter bestreichen. Diesen Vorgang mit der übrigen Füllung wiederholen.
6. 12 Minuten backen, bis die Törtchen knusprig und goldgelb sind. Dann warm, nach Geschmack mit Puderzukker bestäubt, servieren.

Gewürzschnecken

Vorbereitungszeit:
40 Min. + Kühlzeit
Backzeit: 15 Min.
Ergibt 36 Stück

Blätterteig (laut Grundrezept, s. Seite 4)
1 Ei, leicht geschlagen
Demerara-Zucker, zum Bestreuen

Füllung
125 g feiner Zucker
2 EL Sesam, leicht angeröstet
1 TL Zimt, gemahlen
1/2 TL Ingwer, gemahlen
1/4 TL Muskatnuß, gemahlen
1/4 TL Nelken, gemahlen

1. Den Backofen auf 220 °C vorheizen. Ein Backblech mit zerlassener Butter oder Öl einfetten. Den Teig in zwei Hälften teilen und jede Hälfte zu einem Rechteck (36 x 16 cm) ausrollen. Mit verquirltem Ei bestreichen.
2. Für die Füllung Zucker, Sesam und Gewürze vermengen und gleichmäßig über den Teig streuen.
3. Von der Längsseite bis zur Mitte einrollen, dann von der anderen Seite bis zur Mitte. Zusammendrücken und mit Ei bestreichen. Den Vorgang mit dem zweiten Teigstück wiederho-

Frucht-Mandel-Törtchen (oben), Gewürzschnecken

len. Mit einem scharfen Messer ca. 2 cm dicke Scheiben abschneiden, auf das Backblech legen, ausreichend Abstand zum Aufgehen lassen.

Dann mit einem bemehlten Spatel flachdrücken (1,5 cm). Demerara-Zucker darüberstreuen und 15 Minuten kalt stellen. 15 Minuten backen, bis die Schnecken goldbraun und aufgegangen sind. Anschließend auf einem Kuchengitter auskühlen lassen.

Pikante Pasteten und Törtchen

Beinahe jede erdenkliche pikante Füllung schmeckt noch besser, wenn sie in knusprigen, frisch gebackenen Teig gehüllt ist.

Cocktail-Trio

Vorbereitungszeit: 30 Min. + Kühlzeit
Backzeit: 8–9 Min.
Ergibt ca. 30 Törtchenformen

180 g Mehl
1/4 TL Salz
30 g frisch geriebener Parmesan
100 g kalte Butter, in Würfel geschnitten
1 Ei, leicht geschlagen
1 EL eiskaltes Wasser

Füllungen
Pesto, reife Tomaten, schwarze Oliven;
Tapenade, hartgekochte Wachteleier, Petersilie;
Magerquark, Schnittlauch, Räucherlachs, Salatgurke

1. Mehl, Salz, Parmesan und Butter mit dem Mixer oder in der Küchenmaschine vermengen, bis die Masse krümelig ist. Ei und Wasser zugeben und weitermixen, bis ein geschmeidiger Teig entsteht. Den Teig auf eine leicht bemehlte Unterlage geben und zu einer glatten Kugel formen. Mit Folie abdecken und 30 Minuten kalt stellen. Den Backofen auf 210 °C vorheizen.
2. Den Teig sehr dünn ausrollen, so daß 30 Pastetenförmchen (Ø 5 cm) damit ausgelegt werden können. Leicht anstechen und 8–9 Minuten backen, bis sie goldgelb sind. In den Formen auskühlen lassen.
3. Die Törtchen mit Pesto, in Scheiben geschnittenen Tomaten und Oliven; mit Tapenade, hartgekochten Wachteleiern und Petersilie; mit Quark, Schnittlauch, Lachs und Gurkenscheiben füllen.

Törtchen, von links: Tapenade, hartgekochte Wachteleier, Petersilie; Pesto, reife Tomaten, schwarze Oliven; Magerquark, Schnittlauch, Räucherlachs, Salatgurke

Mini-Quiches mit Krabben

Vorbereitungszeit: 15 Min.
Backzeit: 20 Min.
Ergibt 18 Stück

2 Blätter tiefgekühlter Blätterteig, aufgetaut
2 Eier
180 ml Kokosnußsahne
fein abgeriebene Schale einer kleinen Limone oder Zitrone
2 TL Limonen-/Zitronensaft
200 g Krabbenfleisch, aus der Dose, abgetropft
1 EL frischer Schnittlauch, gehackt
Salz und weißer Pfeffer

1. Den Backofen auf 210 °C vorheizen. Aus dem Teig Scheiben (Ø 8 cm) ausstechen, so daß sie in 18 Pastetenformen passen.
2. Die Eier in einer kleinen Schüssel leicht schlagen und alle anderen Zutaten zugeben und vermengen. Ungefähr 1 EL Füllung auf jede Teigscheibe setzen.
3. 20 Minuten goldgelb backen. Die Quiches gehen während des Backens auf und fallen danach wieder leicht zusammen. Noch warm oder bei Zimmertemperatur servieren.

Räucherlachs-Quiches

Vorbereitungszeit: 20 Min. + Kühlzeit
Backzeit: 40 Min.
Ergibt 6 Stück

3 Blätter tiefgekühlter Blätterteig, aufgetaut
2 EL Sesam
1 EL Olivenöl
1 kleine Lauchstange, feingehackt
60 g Räucherlachs, kleingeschnitten
2 Eier
3 EL Crème fraîche
3 EL Sahne
2 EL geriebener Parmesan
1 EL frisches Basilikum, gehackt
frisch gemahlener schwarzer Pfeffer

1. Den Backofen auf 200 °C vorheizen. Dann 6 Backformen (Ø 10 cm) mit zerlassener Butter oder Öl leicht einfetten. Die Teigblätter mit Sesam bestreuen und mit einem Nudelholz vorsichtig in den Teig drücken. Scheiben aus dem Teig ausschneiden, so daß sie in die Formen passen. Mit Pergamentpapier abdecken. Getrocknete Bohnen oder Reis daraufstreuen und 10 Minuten im Kühlschrank kalt stellen.
2. 10 Minuten backen, dann Papier und Bohnen/Reis entfernen und weitere 5 Minuten backen. Falls der Teig in der Mitte aufgegangen ist, hinunterdrücken. Die Ofentemperatur auf 180 °C reduzieren.
3. Das Öl in einer Pfanne erhitzen, den Lauch zugeben und bei geringer Temperatur 5 Minuten weich dünsten. Vom Herd nehmen und etwas auskühlen lassen. Anschließend den gedünsteten Lauch gleichmäßig auf den Teigböden verteilen und den Lachs daraufgeben.
4. Eier, Crème fraîche und Sahne in einer Schüssel glattrühren, danach Käse, Basilikum und Pfeffer einrühren. Vorsichtig in die Quiches gießen. 15–20 Minuten backen, bis sich die Füllung gesetzt hat und oben leicht gebräunt ist.

Mini-Quiches mit Krabben (oben), und Räucherlachs-Quiches

Fillo-Dreiecke

Diese leckeren Dreiecke aus knusprigem Filloteig mit saftigen Füllungen sind ideal für Partys oder als Knabbereien.

Herstellung der Dreiecke: Den Backofen auf 190 °C vorheizen.
16 Blätter Filloteig mit einem feuchten Küchentuch bedecken – immer nur mit einem Teigblatt arbeiten, damit der Teig nicht austrocknet. Ein Teigblatt mit zerlassener Butter oder Öl bestreichen. Ein zweites Blatt darüber legen, bestreichen und längs in drei gleich große Streifen schneiden. 1 EL Füllung Ihrer Wahl (siehe rechts) auf den unteren Rand der Teigstreifen geben und zu einem Dreieck zusammenschlagen. Auf ein leicht mit Öl gefettetes Backblech legen und mit einem feuchten Küchentuch abdecken, während der Vorgang mit den übrigen Teigblättern wiederholt wird. Mit Öl oder zerlassener Butter bestreichen; 15–20 Minuten goldbraun backen. Ergibt 24 Stück.

Von links: Käse-Dreiecke, Garnelen- und Krabben-Dreiecke, Spinat-Dreiecke, Hühner-Dreiecke mit Basilikum, Curry-Kürbis-Dreiecke

Drei-Käse-Dreiecke

160 g zerbröckelten Schafskäse, 250 g Ricotta-Käse und 90 g geriebenen Cheddar-Käse in einer Schüssel vermengen. 4 EL feingehackte Petersilie, 1–2 Zehen feingehackten Knoblauch und frisch gemahlenen schwarzen Pfeffer nach Geschmack sowie 1 verquirltes Ei zugeben. Alles gut verrühren.

Garnelen- und Krabben-Dreiecke

30 g Butter in einem kleinen Topf zerlassen, 3 feingehackte Frühlingszwiebeln zugeben und 2 Minuten weich dünsten. 1 EL Mehl einrühren, dann 125 ml Milch. So lange verrühren, bis die Masse eindickt, vom Herd nehmen und je 1 EL Sahne und Zitronensaft sowie 3 EL feingehackte Petersilie zugeben. Dann mit den Händen 170 g weißes Krabbenfleisch und 200 g Garnelen (aus der Dose) ausdrücken. Anschließend das Ganze mit der Sauce vermengen.

Spinat-Dreiecke

250 g Spinatblätter mit heißem Wasser übergießen und stehen lassen, bis der Spinat weich ist. Dann auspressen und fein hacken. In einer Schüssel mit 2 EL leicht gerösteten Pinienkernen, 1 TL Muskatnuß, 2 feingehackten Frühlingszwiebeln, 1–2 zerdrückten Knoblauchzehen, je 125 g zerkleinerten Schafs- und Ricottakäse und 1 verquirltem Ei vermengen.

Hühner-Dreiecke mit Basilikum

1 EL Olivenöl in einer kleinen Pfanne erhitzen, 1 kleine, feingehackte rote Zwiebel hineingeben und 2 Minuten weich dünsten. Dann vom Herd nehmen und 1 kleine, gekochte und gehackte Hühnerbrust, 2 TL Senf, 6 kleingeschnittene, reife Tomaten, 125 g Ricotta-Käse, 30 g gehacktes Basilikum und je 60 g geriebenen Parmesan und Cheddar-Käse einrühren. Gut vermengen.

Curry-Kürbis-Dreiecke

30 g Butter in einer kleinen Pfanne erhitzen und 4 feingehackte Frühlingszwiebeln hineingeben, 2 Minuten dünsten, bis die Zwiebeln weich sind. 2 EL Mehl und 1 TL Currypulver einrühren und weitere 2 Minuten dünsten. In eine Schüssel geben und 250 g gekochten und zerkleinerten Kürbis (entspricht ca. 500 g rohem Kürbis), 1 verquirltes Ei, 125 g Ricotta-Käse und 60 g geriebenen Parmesan zufügen. Gut verrühren.

Windbeutel mit Kaviar

Vorbereitungszeit: 1 Std.
Backzeit: 25 Min.
Ergibt 30 Stück

Brandteig (laut Grundrezept, s. Seite 3)

Füllung
6 Eier, hartgekocht
Salz und frisch gemahlener schwarzer Pfeffer
2 EL Zwiebel, feingehackt
2 EL Schnittlauch, feingehackt
60 g Mayonnaise

Überzug
saure Sahne
50 g schwarzer oder roter Kaviar, aus der Dose

1. Den Backofen auf 200 °C vorheizen. Mittels zweier Teelöffel 30 Bällchen vom Brandteig auf ein leicht eingefettetes Backblech setzen, genügend Platz zum Aufgehen lassen. 20 Minuten backen, dann die Backofentemperatur auf 180 °C reduzieren und weitere 5 Minuten backen, bis sie goldbraun und aufgegangen sind. Die Windbeutel seitlich anstechen, damit der Dampf entweichen kann. Auf einem Kuchengitter auskühlen lassen. Dann die Oberteile wegschneiden.

2. Für die Füllung Eier schälen und zerkleinern, Salz, Pfeffer, Zwiebel, Schnittlauch und Mayonnaise zugeben. In jeden Windbeutel kurz vor dem Servieren 1 TL Füllung geben, Deckel aufsetzen und mit einem Klecks saurer Sahne und etwas Kaviar versehen.

Kürbis-Quiches

Vorbereitungszeit: 30 Min. + Kühlzeit
Backzeit: 90 Min.
Ergibt 8 Stück

Mürbeteig (laut Grundrezept, s. Seite 3)
20 g Butter
1 Scheibe Speck, feingewürfelt
2 Frühlingszwiebeln, feingehackt
1–2 Knoblauchzehen, zerdrückt
250 g gekochter und zerkleinerter Kürbis (entspricht 500 g rohem Kürbis)
2 Eier, leicht geschlagen
170 ml Sahne
3 EL frische Petersilie, gehackt
1/2 TL Muskatnuß
frisch gemahlener schwarzer Pfeffer

1. Den Backofen auf 190 °C vorheizen. Den Teig zwischen zwei Blättern Backpapier ausrollen. 8 Backformen (Ø 10 cm) mit dem Teig auslegen und 20 Minuten kalt stellen. Jede Form mit einem quadratischen Stück Backpapier bedecken und getrocknete Bohnen oder Reiskörner darauf geben. Die Formen auf ein Backblech legen und 10 Minuten backen, Papier und Bohnen/Reiskörner entfernen und 2–3 Minuten weiterbacken, bis der Teig trocken ist. Auskühlen lassen.

2. Die Butter in einer kleinen Pfanne erhitzen. Dann Speck, Frühlingszwiebeln und Knoblauch ungefähr 3 Minuten dünsten. Nun die Mischung in eine große Schüssel geben und Kürbis, Eier, Sahne, Petersilie, Muskatnuß und Pfeffer einrühren.

3. Die Füllung in die vorgebackenen Teigschüsseln füllen. 20 Minuten backen, bis die Füllung goldgelb ist. Sofort servieren.

Hinweis: Den Kürbis schälen und in 5 cm große Würfel schneiden, mit etwas Öl bestreichen, dann 1 Stunde bei 180 °C im Backofen garen. Den Kürbis vor dem Zerkleinern auskühlen lassen.

Windbeutel mit Kaviar (oben), Kürbis-Quiches

Zwiebeltörtchen mit Schafskäse

Vorbereitungszeit:
15 Min. + Kühlzeit
Backzeit: 45 Min.
Ergibt 6 Stück

125 g Mehl
1/4 TL Salz
110 g Butter, in Würfel geschnitten
1 EL grüne Pfefferkörner, aus der Dose, abgetropft
1 Eigelb
1 TL Senf
2 TL Wasser

Zwiebelfüllung
2 EL Olivenöl
3 mittelgroße Zwiebeln, in Ringe geschnitten
1 Knoblauchzehe, kleingeschnitten
2 TL Zucker
2 EL Gewürzessig
3 EL Rosinen
2 TL Olivenpaste
75 g Schafskäse

1. Zuerst 6 flache Törtchenformen (Ø 10 cm) leicht einfetten.
2. Mehl und Salz in eine große Schüssel sieben und Butter hineinreiben, in der Mitte eine Mulde bilden. Die Pfefferkörner in einem Mörser oder mit einem Messerrücken zerstoßen, mit Eigelb, Senf und ausreichend Wasser vermengen und in die Mulde geben. Zu einem Teig verarbeiten. Mit Klarsichtfolie abdecken und ungefähr 20 Minuten kalt stellen. Den Backofen auf 200 °C vorheizen.
3. Den Teig in 6 gleich große Portionen aufteilen und in die Törtchenformen drücken. Mit einer Gabel mehrmals einstechen, 15 Minuten backen, bis sie goldgelb sind.
4. Für die Zubereitung der Zwiebelfüllung Olivenöl in einer gußeisernen Pfanne erhitzen. Zwiebeln und Knoblauch zugeben und bei geringer Temperatur abgedeckt 30 Minuten dünsten, bis die Zwiebeln sehr weich sind und braun werden. Die Temperatur etwas erhöhen, Zucker und Essig zugeben und so lange kochen, bis fast die gesamte Flüssigkeit verdampft und die Masse glänzt. Rosinen einrühren.
5. Etwas Olivenpaste auf den Törtchenböden verstreichen. Die Zwiebelfüllung darauf verteilen und dann den Schafskäse darüberstreuen. Anschließend die Törtchen warm oder bei Zimmertemperatur servieren.

Garnelen-Muschel-Pasteten

Vorbereitungszeit: 25 Min.
Backzeit: 20 Min.
Ergibt 12 Stück

250 ml Fischbrühe
250 ml Weißwein
250 g Jakobsmuscheln
250 g rohe Garnelen, ausgelöst
60 g Butter
4 Frühlingszwiebeln, gehackt
1 Scheibe Speck, gehackt
30 g Mehl
125 ml Sahne
1 TL Zitronensaft
Salz und schwarzer Pfeffer
30 g Petersilie, feingehackt
12 x 6 cm fertige Vol-au-vent-Pasteten

1. Fischbrühe und Wein in einem Topf zum Köcheln bringen. Muscheln zugeben und 2–3 Minuten leicht kochen. Muscheln mit dem Schaumlöffel herausnehmen und auf einen Teller geben, auskühlen lassen und klein schneiden. Mit den Garnelen ebenso verfahren. 250 ml der Flüssigkeit zurückbehalten. Während der Zubereitung der Sauce die Meeresfrüchte kalt stellen. Den Backofen auf 160 °C vorheizen.
2. Butter in einer Pfanne zerlassen. Zwiebeln und

Zwiebeltörtchen mit Schafskäse (oben), Garnelen-Muschel-Pasteten

Speck hineingeben und bei mittlerer Hitze 3 Minuten dünsten, bis sie weich, aber nicht braun sind. Mehl zugeben und 2 Minuten anrösten. Die zurückbehaltene Flüssigkeit zugeben und rühren, bis die Sauce eindickt. Sahne, Zitronensaft, Salz, Pfeffer und Petersilie einrühren (etwas zum Garnieren zurückhalten).

3. Die Pasteten 5 Minuten erwärmen. Die Sauce wieder erhitzen, Meeresfrüchte einrühren, bis sie gleichmäßig warm sind. Auf die Pasteten verteilen, mit Petersilie garnieren und servieren.

1 Mehl, Salz und Butter mixen, bis der Teig krümelig ist, dann Sesam zugeben.

2 Mit einem Nudelholz kann man überschüssigen Teig leicht entfernen.

Warme Entenfleischtörtchen mit Koriander

Vorbereitungszeit:
35 Min. + Kühlzeit
Backzeit: 20 Min.
Ergibt 8 Stück

180 g Mehl
1/2 TL Salz
125 g kalte Butter, in Würfel geschnitten
3 EL Sesam
2 EL eiskaltes Wasser

Füllung
1 große chinesische Ente, gebraten
2 EL Orangenmarmelade
1 EL Kecap Manis (s. Hinweis)
1 EL Zitronensaft
2 TL Sesamöl
1 EL frischer Ingwer, gemahlen
5 Frühlingszwiebeln, in dünne Ringe geschnitten
2 EL frischer Koriander, gehackt, und Zweige zum Garnieren

1. Mehl, Salz und Butter mixen, bis alles krümelig ist. Dann Sesam und Wasser zugeben und mischen, bis die Masse homogen ist. Den Teig auf eine leicht bemehlte Unterlage geben und zu einer glatten Kugel formen.
2. Den Backofen auf 210 °C vorheizen und den Teig in acht Stücke teilen. Dünn ausrollen, so daß die Teile in acht Törtchenformen (Ø 9 cm) passen. Die Böden leicht anstechen. 15 Minuten backen, bis sie goldbraun sind. Dann für 20 Minuten kalt stellen.
3. Für die Zubereitung der Füllung das Entenfleisch von den Knochen lösen und zerkleinern. Die Marmelade in einem Topf erhitzen und glattrühren. Nun die restlichen Zutaten samt dem Entenfleisch zugeben und gut vermengen. Anschließend so lange erhitzen, bis alle Zutaten gleichmäßig warm sind.
4. Die warmen Törtchen auf Tellern anrichten und die warme Füllung hineingeben. Mit Koriander garnieren und sofort servieren – als Vorspeise oder als leichte Mahlzeit.

Hinweis: Die Haut vom Entenfleisch kann auch für die Füllung verwendet werden, es sollte jedoch alles sichtbare Fett entfernt werden. Kecap Manis ist eine indonesische Sojasauce, die Sie in Spezialgeschäften bekommen.

Warme Entenfleischtörtchen mit Koriander

3 Das Entenfleisch von den Knochen lösen und zerkleinern.

4 Die Marmelade erhitzen und glattrühren, dann die restlichen Zutaten zugeben.

Wurstpasteten

Beliebte Leckereien, für jede Gelegenheit passend gewürzt. Probieren Sie neue Variationen von altbewährten Rezepten.

Grundrezept

Den Backofen auf 200 °C vorheizen. Dann 3 Blätter fertigen Blätterteigs halbieren, die Kanten mit verquirltem Ei bestreichen. Die Füllung Ihrer Wahl (siehe rechts) in 6 gleich große Portionen teilen. Füllung mit Spritzbeutel oder Löffel in die Mitte jedes Teigstückes geben, die Kanten mit Ei bestreichen. Den Teig über der Füllung zusammenrollen, Ränder nach unten einschlagen. Mit Ei bestreichen, dann die Rolle in kleinere Röllchen zerschneiden. In jedes Röllchen oben zwei Schlitze einschneiden und auf ein leicht gefettetes Backblech legen. 15 Minuten backen, dann Hitze auf 180 °C reduzieren und weitere 15 Minuten backen, bis die Röllchen aufgegangen und goldgelb sind. Ergibt 36 Stück.

Wurstfüllung mit Kräutern

3/4 kg Wursthack, 1 feingehackte Zwiebel, 1 zerdrücke Knoblauchzehe, 90 g frisches Paniermehl, 1 verquirltes Ei, 30 g gehackte Petersilie, 3 EL gehackten Thymian und je 1/2 TL gemahlenen Salbei, Muskatnuß, schwarzen Pfeffer und Nelken in eine Schüssel geben und gut vermengen.

Schweine- und Kalbfleischfüllung mit Curry

3 getrocknete Austernpilze 30 Minuten in heißem Wasser einweichen, ausdrücken und fein hacken. In 1 EL Öl 4 feingehackte Frühlingszwiebeln, 1–2 Knoblauchzehen, 1 feingehackte kleine rote Chili und 2–3 TL Currypulver sautieren. In eine große Schüssel geben und 3/4 kg Hackfleisch vom Schwein und Kalb, die gehackten Pilze, 90 g frisches Paniermehl, 1 verquirltes Ei, 3 EL gehackten Koriander sowie je 1 EL Soja- und Austernsauce zugeben. Anschließend gut vermischen.

Von links: Wurst mit Kräutern, Schweine- und Kalbfleisch mit Curry, würziges Lamm, pikantes Rindfleisch, Hühner-Chutney

Würzige Lammfüllung

In einer Schüssel 3/4 kg gehacktes Lammfleisch, 90 g frisches Paniermehl, 1 kleine, gehobelte Zwiebel, 1 EL Sojasauce und je 2 TL frisch geriebenen Ingwer und braunen Zucker, 1 TL gemahlenen Koriander, je 1/2 TL gemahlenen Kreuzkümmel und Sambal Oelek mischen. Die Röllchen vor dem Backen mit etwas Mohnsamen bestreuen.

Pikante Rindfleischfüllung

1 feingehackte Zwiebel und 1–2 Knoblauchzehen in 20 g Butter sautieren, bis die Zwiebel weich ist. Anschließend in einer großen Schüssel 3/4 kg mageres Rinderhack, sautierte Zwiebel und Knoblauch, 3 EL feingehackte Petersilie, 3 EL Mehl, 3 EL Tomatensauce, je 1 EL Worcestersauce und Sojasauce sowie 2 TL gemahlenen Piments gut vermengen.

Hühner-Chutney-Füllung

In einer Schüssel 3/4 kg Hühnerhackfleisch, 4 feingehackte Frühlingszwiebeln, 90 g frisches Paniermehl, 1 feingeriebene Möhre, 2 EL Frucht-Chutney, je 1 EL süße Chilisauce und frisch gemahlenen Ingwer gründlich vermischen. Wenn die Röllchen gefüllt und zugeschnitten sind, werden sie vor dem Backen noch mit etwas Sesam bestreut.

Spinatpasteten mit Schafskäse

Vorbereitungszeit:
30 Min. + Kühlzeit
Backzeit: 30 Min.
Ergibt 12 Stück

500 g Blattspinat
100 g Schafskäse, zerkleinert
1 EL Olivenöl
1 kleine rote Zwiebel, feingehackt
2 Frühlingszwiebeln, feingehackt
1/2 rote Paprikaschote, feingehackt
1–2 Knoblauchzehen, zerdrückt
1/2 TL getrocknetes Basilikum
1 EL Sahne
Blätterteig (Grundrezept, s. Seite 4)
1 Ei, leicht geschlagen

1. Ein Backblech mit zerlassener Butter oder Öl einfetten. Den Spinat waschen und Stiele entfernen. Die nassen Spinatblätter in einen großen Topf geben, abdekken und 2 Minuten bei geringer Hitze dünsten, bis sie weich sind. Abtropfen, auskühlen lassen und die Blätter mit den Händen ausdrücken; grob schneiden. Mit dem Schafskäse in eine große Schüssel geben; beiseite stellen.
2. Öl in einer Pfanne erhitzen, Zwiebel, Frühlingszwiebeln, Paprikaschoten, Knoblauch und Basilikum zugeben. Bei mittlerer Temperatur unter ständigem Rühren 5 Minuten dünsten, bis das Gemüse gar ist. Sahne einrühren und noch heiß in die Schüssel zu dem Schafskäse und dem Spinat geben. Gut vermengen.
3. Zur leichteren Verarbeitung nur die Hälfte des Teigs ausrollen, die andere Hälfte kalt stellen. Mit einem Ausstecher 12 Scheiben (Ø 8 cm) ausschneiden. Jede Scheibe am Rand mit verquirltem Ei bestreichen. Auf jede Scheibe 1 EL Spinatfüllung geben.
4. Den restlichen Teig ausrollen und weitere 12 Scheiben ausstechen. Diese über die gefüllten Scheiben legen und vorsichtig festpressen. Jede Pastete oben einmal einstechen, damit der Dampf während des Backens entweichen kann. Mit dem Messerrücken in regelmäßigen Abständen kleine Einkerbungen in die Ränder ritzen. So kann der Teig gut aufgehen, und er wird locker. Auf ein Backblech legen. Abdecken und mindestens 20 Minuten kalt stellen. In der Zwischenzeit den Backofen auf 210 °C vorheizen. Die Pasteten 20 Minuten backen, bis sie goldgelb und aufgegangen sind. Sofort servieren.

Hühnerpasteten

Vorbereitungszeit:
30 Min. + Kühlzeit
Backzeit: 30 Min.
Ergibt 20 Stück

2 EL Öl
1 kleine Zwiebel, feingehackt
1 Knoblauchzehe, zerdrückt
2 TL Currypulver
1 Kartoffel, kleingeschnitten
200 g Hühnerhackfleisch
60 g Erbsen, tiefgekühlt
1 EL frische Petersilie, feingehackt
5 Blätter Fertigblätterteig
1 Ei, leicht geschlagen

1. Den Backofen auf 180 °C vorheizen. Ein Backblech mit Alufolie auslegen. Öl in einer gußeisernen Pfanne erhitzen. Zwiebel und Knoblauch hineingeben und bei mittlerer Temperatur 2 Minuten weich dünsten. Currypulver zugeben und 1 Minute unter ständigem Rühren anrösten. Kartoffel einrühren, abdecken und einige Minuten kochen, bis sie weich wird.
2. Hühnerhack in die Pfanne geben. 10 Minuten anbraten, gelegent-

Spinatpasteten mit Schafskäse (oben), Hühnerpasteten

lich umrühren, bis nahezu die gesamte Flüssigkeit verdampft ist. Erbsen, Petersilie und Salz nach Belieben unterrühren. Vom Herd nehmen und auskühlen lassen.

3. Mit einem scharfen Messer Scheiben mit 10 cm Ø aus dem Teig ausschneiden (eine Untertasse als Schablone nehmen). 1 EL Füllung in die Mitte jeder Scheibe geben. Zusammenklappen und Ränder festdrücken. Auf das Blech legen und mit verquirltem Ei bestreichen. 15 Minuten goldgelb backen.

1 Den Teig in drei lange Streifen, diese dann in Dreiecke schneiden.

2 Etwas Senf in die Mitte jedes Dreiecks streuen, dann mit Schinken belegen.

Schinkenhörnchen

Vorbereitungszeit: 25 Min.
Backzeit: 15–20 Min.
Ergibt 48 Stück

Blätterteig (Grundrezept, s. Seite 4)
1 EL Senfkörner
125 g Beinschinken, feingeschnitten
1 Ei, leicht geschlagen

1. Den Backofen auf 180 °C vorheizen. Dann zwei Backbleche mit etwas zerlassener Butter oder Öl einfetten. Den Teig zweiteilen und einen Teil während der Verarbeitung des anderen kalt stellen. Das erste Stück zu einem Rechteck von ungefähr 36 x 24 cm ausrollen. Anschließend der Länge nach in 3 Streifen schneiden (je ca. 36 x 8 cm), jeden dieser Streifen in 8 Dreiecke schneiden. Schließlich werden danach einige Teigreste übrigbleiben. Den Vorgang mit dem restlichen Teig wiederholen.
2. Dann einige Senfkörner in die Mitte der Dreiecke streuen. Den Schinken in Dreiecke schneiden (ca. 1 cm kleiner als der Teig) und auf die Teigdreiecke legen.
3. Von einer Seite vorsichtig zur Spitze zusammenrollen.
4. Die Enden etwas einbiegen, so daß Hörnchen entstehen. Danach auf die vorbereiteten Backbleche legen und mit etwas verquirltem Ei bestreichen. 15–20 Minuten backen, bis sie goldgelb sind.

Variation: Diese Art von Gebäck eignet sich besonders für Partys. Für Vegetarier kann man Senf und Schinken durch Tomaten oder Olivenpaste und dünne Schweizer Käsescheiben ersetzen.

Schinkenhörnchen

3 Jedes Dreieck von einer Seite her zur Spitze hin zusammenrollen.

4 Die Enden leicht einbiegen, so daß Hörnchen entstehen.

Mini-Quiche-Lorraines

Vorbereitungszeit: 20 Min.
Backzeit: 25 Min.
Ergibt 24 Stück

einfacher Mürbeteig (laut Grundrezept, s. Seite 3)
50 g Gruyère-Käse, in dünnen Streifen
1 EL Butter
2 Scheiben Speck, feingehackt
1 Zwiebel, feingehackt
2 Eier
180 ml Sahne
1/2 TL Muskatnuß
frisch gemahlener schwarzer Pfeffer
Schnittlauch, zum Dekorieren

1. Den Backofen auf 190 °C vorheizen. Den Teig zwischen zwei Blättern Backpapier ausrollen. Mit einem Ausstecher Scheiben formen, so daß sie in tiefe Pastetenformen passen. Die Käsestreifen auf die Scheiben aufteilen. Die Pasteten auf ein Backblech geben, mit Klarsichtfolie abdecken und während der Zubereitung der Füllung kalt stellen.
2. Die Butter in einer kleinen Pfanne erhitzen und den Schinken und die Zwiebel 2–3 Minuten weich dünsten. Auf einem Papiertuch abtropfen lassen. Nach dem Auskühlen auf den Pasteten verteilen. Die Eier in einer Schüssel mit Sahne, Muskatnuß und Pfeffer schlagen. Vorsichtig in die Pasteten füllen.
3. Zur Dekoration 2–3 Schnittlauchspitzen auf jede Quiche legen. Dann 20 Minuten backen, bis die Quiches leicht gebräunt und fest sind. Heiß oder warm servieren.

Apfelkuchen mit Ziegenkäse

Vorbereitungszeit: 10 Min.
Backzeit: 20 Min.
Ergibt 4 Stück

1 Blatt tiefgekühlter Blätterteig
150 g frischer Ziegenkäse, in Scheiben geschnitten
2 Granny-Smith-Äpfel, ungeschält
1 EL natives Olivenöl
2 TL frischer Zitronenthymian, gehackt
Salz und frisch gemahlener schwarzer Pfeffer

1. Den Backofen auf 210 °C vorheizen. Den noch gefrorenen Teig in vier Quadrate schneiden und in Abständen auf ein eingefettetes Backblech legen. Zum Auftauen einige Minuten beiseite stellen, dann den Käse auf den Teig legen, dabei einen 2 cm breiten Rand lassen.
2. Die Äpfel entkernen und in dünne Scheiben schneiden. Überlappend auf den Teig legen, so daß der Käse ganz bedeckt ist. Die Äpfel großzügig mit Öl bestreichen und mit Zitronenthymian; etwas Salz und Pfeffer nach Geschmack bestreuen.
3. Die Kuchen 20 Minuten backen, bis sie gut durch und an den Rändern goldbraun sind. Den Apfelkuchen am besten sofort servieren.

Hinweis: Als Salat zu diesem Kuchen eignet sich am besten Ranken, Radicchio und grüner Salat mit Walnüssen und einem Vinaigrette-Dressing.

Mini-Quiche-Lorraines (oben), Apfelkuchen mit Ziegenkäse

Register